U0733830

城市现代化进程中的文化基因再造

陈俊 著

江苏人民出版社

图书在版编目（CIP）数据

城市现代化进程中的文化基因再造 / 陈俊著. -- 南
京 ：江苏人民出版社，2012.2
ISBN 978-7-214-07975-6

Ⅰ. ①城… Ⅱ. ①陈… Ⅲ. ①城市建设－关系－文化
传统－保护－研究－江苏省 Ⅳ. ①
F299.275.3②G127.53

中国版本图书馆CIP数据核字(2012)第027560号

书　　　名	城市现代化进程中的文化基因再造
责 任 编 辑	王保顶
特 约 编 辑	吴国瑛
装 帧 设 计	刘莘莘
出 版 发 行	凤凰出版传媒集团
	凤凰出版传媒股份有限公司
	江苏人民出版社
集 团 地 址	南京市湖南路 1 号 A 楼，邮编：210009
集 团 网 址	http://www.ppm.cn
出版社地址	南京市湖南路 1 号 A 楼，邮编：210009
出版社网址	http://www.book-wind.com
	http://jsrmcbs.tmall.com
经　　　销	凤凰出版传媒股份有限公司
照　　　排	南京凯建图文制作有限公司
印　　　刷	南京精艺印刷有限公司
开　　　本	787 毫米×1092 毫米　1/16
印　　　张	12
字　　　数	200 千字
版　　　次	2012 年 2 月第 1 版　2012 年 2 月第 1 次印刷
标 准 书 号	ISBN 978 - 7 - 214 - 07975 - 6
定　　　价	68.00 元

（江苏人民出版社图书凡印装错误可向承印厂调换）

以"宁、镇、扬"汉民族文化核心区为例

目　录

前　言

　　城市的魅力和发展动力来自于文化的积淀。城市是一种历史和文化现象，每个时代都在城市建设中留下了自己的印记，而一个城市个性化的历史经历也造就了这个城市独特的魅力——城市个性。延续历史文脉、保护城市个性，应是城市现代化建设的题中应有之义。一个现代化的城市绝不是一个割裂历史的城市，相反，越是现代化的城市，越是重视历史文化、历史建筑和历史风貌的保护，越是重视文化传统的保护和弘扬。一个失去灵魂的城市，将是一座空中浮城。在机器化大生产和工业化发展过程中，由于一味关注城市财富和经济总量，并以此作为衡量城市发展优劣的唯一标准，许多城市不可避免地出现了严重的趋同化发展倾向，造成城市文化空间的破坏、历史文脉的割裂、社区邻里的解体，最终导致城市记忆的消失。

　　经济与文化互相补充形成人类发展进步的创造合力。无论是历史文化的保护还是历史建筑的重建，从根本上来说都是为了城市的发展。一个国家如果只有没有文化的经济，再发达也是建在沙滩上的高楼大厦，一旦发展格局有所变动，就会像脚底下的沙一样流走。随着经济的发展和社会的不断进步，现代人的生活旨趣已经不再仅仅满足于物质需求，转而寻求精神文化的满足。城市建设在基本满足实用和物质功能之后，独特的文化空间、生活的艺术美感、和谐的生存环境、良好的外部景观，成为人们的必然追求。那么，如何去传承历史？如何将尘封的历史元素激活，并在时代背景中焕发新生？这就需要充分挖掘历史文化的价值。文化遗产既是昨天的辉煌，又是今天的财富。尽管文化遗产需要全社会的关注和呵护，但是文化遗产在社会生活中不能仅扮演弱者的角色，需要的不是人们给予怜悯式的保护，需要人们真正认识到文化遗产对城市发展与改善市民生活所具有的不可替代的价值。主动发挥文化遗产的文化、经济、艺术、社会等综合效益，使文化遗产进一步融入居民生活、融入经济发展、融入城市建设，不仅能为促进城市发展与城市特色的塑造做出积极的贡献，更能给予广大民众以精神的、情感的、美的享受与启迪。

　　如果城市文化不能进行创新，城市将迷失自己的发展方向。文化基因的再造，既是一个改造传统文化的过程，又是一个创造新文化、发展先进文化的过

1

程。对传统文化"取其精华、去其糟粕"、"推陈出新、革故鼎新",是文化创新的基本途径之一。文化创新离不开对传统文化的继承,继承是创新的必要前提。对一个国家民族来说,如果漠视对传统文化的批判性继承,其民族文化的创新,就会失去根基。因此,基于传承的创新,才能为传统文化注入时代精神,从而进一步增强市民的自豪感,重塑城市的文化归属感,提升城市的凝聚力。

文化遗产保护需要政府承担起责任,但更需要广大民众尤其是企业家的积极支持与参与。在市场经济条件下,追求利润最大化的企业家对保护文化遗产的责任心,以及他们对再造文化基因的自觉意识,是影响一个城市文化基因传承与再造的重要力量。因此,文化遗产保护与更新需要企业家主动增强发展文化的责任心和良心,需要他们深入领悟一个地区独特历史文化内涵,从而为中华民族文化的传承和文化基因的再造倾注重自己的力量。诚如扬州"重修小盘谷记"中所载:小盘谷重生,还主人风尚,见历史风情,正谓盛世雅事;得自然谐趣,承中华文脉,重修者谨怀向善之心,望能以小善利天下,则欣欣然。

南京、镇江、扬州文化同根、民俗同源、发展同脉。南京明城汇、扬州三间院及小盘谷、镇江的西津渡等文化项目的规划建设实践,为寻找文化基因传承和文化基因再造、探索保护和传承中国传统文化,提供了一种新思路。

尊重历史,让历史的痕迹唤醒尘封的记忆;尊重文化,让城市的文脉对接现代文明;尊重城市,让城市的个性焕发青春活力。

第一章　转型时期城市文化发展

　　城市是一种历史和文化现象,每个时代都在城市建设中留下了自己的印记。而建筑是一个城市物化的记忆,没有哪一种文化形态能像建筑这样,穿越时空界限,长久而直接地震撼着人的心灵。保持城市景观的连续性,保护乡土建筑的地方特色,保存街巷空间的记忆,是人类文明发展的需要,是可持续发展的具体行动。因此,在城市化快速推进,以及经济全球化和社会加速转型的时期,在城市传统文化面临断裂的新形势下,传承城市文化,再造城市文化基因,对城市发展具有重要意义。

一、城市文化发展与传承的新形势

　　在中国城市化快速发展的今天,随着城市更新步伐加快,空间快速拓展,城市文化的传承面临着严峻地挑战。

（一）城市发展的脉络和肌理被人为地割裂

　　城市大都拥有某些方面的独特魅力和文化价值,因而承担着传承民族精神、优良传统和地方特色的重任,城市更新改造若不顾及历史文化方面的特殊性,必将危及城市特色的保持和延续,这在某种程度上而言,是对历史和未来的极度不负责任,甚至是一种"犯罪"。但由于文化保护与文化开发投入多、收益低,所以很多城市并未将历史文化保护及相关产业链的开发作为自身经济发展重心,相反热衷于和其他城市竞争招商引资与地产开发,以增强地方的财力。在此过程中,一些城市摒弃了自身的地方特色和民族特色,一味追求高容积率和建

夜色中的南京

1

筑的现代化、国际化,导致城市风貌"千城一面",历史信息荡然无存。即使勉强得以保留的古建、古迹、历史街区等,也因为整体历史环境的丧失而成为被现代建筑包围的城市文化孤岛,城市发展的脉络和肌理被人为的割裂。

(二)内涵式竞争凸显了文化个性的重要性

城市文化不仅是城市形象的标志,也是城市经济社会发展助推器,是聚集人才的宝贵资源。当人们的物质生活逐渐丰富以后,必然对城市环境和文化品位提出更高的要求,从而激发市民对城市更高发展目标的追求。面对经济全球化带来的城市间激烈竞争,世界各城市之间竞争格局也发生了较大变化,除了改善城市内部环境、增强城市经济实力这种物质竞争外,也出现越来越多的以历史文化和地方特色为主要内容的内涵式竞争。在这种背景下,城市为了获取较高的竞争力,在区域乃至全球竞争中脱颖而出,就必须保持、发展和创新城市的个性特征和优势特征,摆脱工业化发展阶段的趋同化模式。所以,很多城市在改善内部环境、增强经济实力的同时,开始积极寻找、挖掘、整合自身的历史文化资源,在提升城市品质方面做起了文章。由此,世界各城市开始由传统的物质性竞争向以历史文化和地方特色为主要内容的内涵式竞争转变,以此凸显城市的个性特色,增强文化亲和力,吸引更多的人才,同时带动资金、技术的引进。传承历史文化、再造文化基因是提升城市竞争力的重要内容,通过提升城市文化内涵和品质,可使之在与其他城市的竞争中争取得更多的发展机会。

韩国首尔·李舜臣像

(三)城市建设及其管理的文化和生态转向

综观世界城市发展的经验和历程,可持续发展是全球城市发展必然趋势。文化可持续发展,包含城市文化和传统的继承与普遍的尊重,区域自然及文化遗产的挖掘与保护,多样性与开放性的建立和发展,积极的城市文化形象的形成,健全的教育培训体系与终身教育培训,知识与信息的广泛传播,充满活力的文化创新精神与创新能力。同时,环境可持续发展,包含城市区域生态系统的保护及其良性循环,可再生资源与不可再生资源的开发保护,物种资源与环境资源检测体系的建立,生态安全与环境质量的提高,清洁化社会生活方式的建立,环境预警体系和应急机智能力的完善,空间结构的均衡化与空间资源的保护。这一理念的提出和发展是同国际城市建设中的文化转向、生态转向密切相关的,反映了国际城市建设发展的主流思潮。

（四）后现代强调了城市历史情感的重要性

进入新世纪以来,强调功能理性的现代城市规划逐渐向注重社会文化的"后现代城市规划"转变。后现代城市规划的一个显著标志就是"基于对城市社会、文化复杂性的认识,对现代主义纯理性思维和历史失落感加以否定,呼唤一种以人性、文化、多元价值观等为特征的宽容性、开放性创作思维",反映在规划思想上,即强调文脉主义的规划情感——认为城市要保持它的持久魅力,就必须实现历史的延续,返璞一种被现代主义割裂的历史情感。后现代社会讲求差异与个性,所以当代城市规划的核心理念是:"城市以文化论输赢,以个性见高低",亦即城市发展中必须把握好自己的特色文化,包括民族特色、历史特色和风情特色,通过博大精深的文化意蕴去启迪、熏陶人们的精神世界,维系城市的生存发展,同时接受国际竞争与挑战,创造超越时空的辉煌和令人难忘的巨大魅力。城市规划理念的根本性转变,其实质是对全球化背景下城市建设标准化、雷同化的一种反思,其根本目的是要倡导对城市历史文化的延续以及城市个性特色的塑造,以激发城市的生命力和感召力。

（五）历史文化是极其重要的城市创新之源

文化创造是一个城市生产力发展的源泉,是城市发展的精神动力,是城市物质创造最基本的原生动力,城市正是在不断的文化创造中得以传承和发展。首先,历史文化是城市创新之源。城市文化是一个时代的精神的体现,它是一个不断创新、与时俱进的精神标志,而文化创新从本质上来说是在传统文化日益积累的基础上进行的。没有

南京·朝天宫大成殿

积累和继承就不可能有超越和创新。因此,保护历史文化遗产、弘扬传统文化是城市文化创新的思想之源和立足之本。其次,历史文化能激发一个城市的创新活力。随着人们知识水平、鉴赏水平的提高,人们从文化遗产中获取的文化信息就越加丰富,得到艺术享受就越多,从而滋养出更多具有丰富创造能力城市居民,激发他们的创新活力,推动城市不断向前发展。第三,丰富厚重的历史文化资源,更是创意产业发展的基础。文化创意产业是指在社会资本积累的主要来源不再是工业产品,甚至不再仅仅是物质形态产品,而是非物质形态产品的背景下,尤其是信息成为社会发展的核心资源,成为社会资本积累的源泉时,文化才可能成为产业,成为新的经济增长点,成为社会资本积累的主要源泉之一。因此,文化意味着资本,创意意味着先进独特的生产过程,产业意味着生产结果,从而使文化创造巨大利润。

二、转型时期城市文化重建面临的挑战

扬州·小盘谷

人类正处在一个急剧变革的时代。社会与时代的变迁给人们生活带来的影响从未像今天这样深刻而持久。人们不再生活在一个相对封闭的独立文化圈中,时代在发展,社会在进步,政治、经济、社会以及文化生活等各方面也都随之发生了深刻的变化。这种深刻的变化源自于持续的技术革命,由于通信技术、网络技术以及交通技术的突飞猛进,人与人之间的沟通越来越频繁,文化与文化之间的交流也越来越频繁,这对中国传统文化的传承与重建造成较大的挑战。

(一)断裂的时代,如何重建我们的文化

对于一个民族而言,语言、服饰、建筑、风俗习惯等文化符号是民族文化的象征物,也是该民族区别于其他民族的重要标志,它们都具有能被感官的客观形式,是民族精神的载体,由这些符号体系构筑的意义模式是民族文化的核心,是一个民族的"灵魂"。在经济全球化的

今天,以科学技术的迅猛发展为基本特征和以市场经济为发展动力的现代文明,对中国传统文化产生了巨大的冲击,人们的生产和生活方式发生了重大变革,许多传统文化符号从人们生活世界中淡出甚至消失,现代化和全球化对民族传统文化的挑战导致了原有的文化模式的破裂。

1. 现代性与文化断裂

五四运动以来的激烈反传统意识,特别是 20 世纪两次大的文化事件:新文化运动和"文化大革命",对中国传统文化中的优良要素产生毁灭性的影响,尤其是"文化大革命",以情感为特征的文化传统没有了。而改革开放后,还没等国人从"文革"的断裂中回过神来,西方的享乐主义、消费主义又逐渐占领了许多国人的思想意识领域。而我们中国人反而妄自菲薄,看不起自己的文化,月亮也是西方的圆。特别是在我们注重西方"效益"的时候,却很少关注到他们为这种观念指导下的经济活动所付出的代价,以及他们后来的反思,即对社会公正公平问题越来越重视。改革开放后,我们的社会也开始变得一切以经济效益为标准,货币成了衡量社会发展成效的唯一标准和尺度。一旦社会滑进了以"效益"为基本曲线的发展轨道,所有那些不能迅速兑换成金钱的事物,都势必逐渐遭人冷落,人心的天平向一面严重倾斜。既然一切都是根据眼前的利益来结算,集体也罢,个人也罢,都很难再继续维持对长远事物的关心。在城市,生活中超越性的和制约性的东西失去了存在的地盘,城市中到处弥漫的是享乐主义的、个人主义的经济冲动。而在偏远的农村和落后地区,迷信巫术之风又立即死灰复燃。城市中原有的那种对社会对文化生活的热情和批判精神没有了,文化的冲动被经济的冲动替代了,文化也被经济化了,成了经济冲动的一个组成部分。

扬州·小盘谷

现代社会人的精神品质被物化了。经济主宰社会生活,文化商品化日趋严重,高科技像一把双刃剑,它在为人类社会提供极大便利的同时,也产生了一种异己的力量。时下,中国正走进隶属于机器的新的奴隶化状态,个人被降格为功能化的存在物,价值体验的生命力的表现,降格为追求新奇刺激的庸碌浑噩的享乐,日常生活变成了刺激与厌倦的交替,现代人的存在是以可见物的消费和身体感官欲望的满足为中心的。个体被现存的工业和社会的秩序强有力地预置在实存生活的既定轨道中,个人的特点也是预定和固定化的。现代人在这样

南京·城南门西

的实存状态中,表现自我价值的仅仅是获取物的才智、技巧与力量。由于从传统到现代转型变化的节奏过快,工业化、城市化、市场化使许多人不能适应,从而容易产生失落感、异己感和价值上的困惑。这种困惑感从更深层次上说是一种由文化认同危机所带来的生存焦虑和意义缺失,焦虑与缺失乃是因为过去心灵所系的文化命脉没有了或从根基处动摇了,所有的价值和意义都得重估或重新寻找,"人生的意义与价值何在"等文化认同问题重新成为时代的问题,撞击着许许多多人的心灵。而且,在现代教育体制下,学校教育已成为人的社会化的一种主要途径,孩子从小就开始接受以现代文化为主体的现代教育,慢慢接受了以现代性特征为主导的文化价值取向,对本民族的文化渐渐淡忘,甚至自觉或不自觉地产生反对心理,不愿接受自己民族的文化传统,这也是文化断裂的重要原因,导致民族文化价值的迷失和民族文化认同危机。

从空间布局来看,居住空间分异也是造成文化断裂的重要原因。适度的空间分异有一定的合理性,然而过度分化与隔离的居住空间分异格局,尤其是富裕与贫困阶层之间社会距离扩大并引起居住空间形态上强烈反差的社会现象,却可能隐藏诸多负面问题,影响社会和谐。阶层演替是通过以房地产开发项目为单位的整体植入方式完成的,这样空间尺度、街巷肌理、建筑风格受到较大影响,区域建筑景观和社会人文环境都得到彻底更新;从现阶段城市来看,城市空间拓展仍在不断推进,不仅物质环境景观还在重构,社会结构仍在重组之中。因此,城市居住空间的分异,不仅造成新的空间秩序和社区文化的形成仍需要较长时间的积淀,而且城市原有社会脉络和空间肌理被不断割裂,城市空间特色和文化意象受到较大影响。

如何来弥合社会经济文化,尤其是文化上的这种断裂?要找到真正的良方,还需要找出现实矛盾或存在的问题的真正原因何在。一方面的原因是政策的失误,另一方面的原因是长期以来以知识精英们为主导的文化自信在国人中的失落:我们的传统文化在现实中似乎所剩无几,而实际上在我们的内心深处仍然根深蒂固,我们希望从西方文化那里获得文化的自信,事实上我们传统的文化几乎被割断了,而引进来的又离理想太远,这样旧的文化自信没有了,而新的文化自信仍然没有确立。就这样传统断了,现代的又接不上。

6

2. 文化自信及其重建

文化自信,是一个国家、一个民族、一个政党对自身文化价值的充分肯定,对自身文化生命力的坚定信念。只有对自己文化有坚定的信心,才能获得坚持坚守的从容,鼓起奋发进取的勇气,焕发创新创造的活力。中华民族素有文化自信的气度,正是有了对民族文化的自信心和自豪感,才在漫长的历史长河中保持自己、吸纳外来,形成了独具特色、辉煌灿烂的中华文明。现在,世界日益成为一个"地球村",不同文化的交流、交融、交锋比以往任何时候都更加频繁。在这样的背景下,更加需要我们以理性、科学的态度进行文化的反思、比较、展望,正确看待自己的文化,正确对待别人的文化,充分认识中国文化的独特优势和发展前景,进一步坚定我们的文化信念和文化追求。做到文化自信,关键是不忘本来、吸收外来、着眼将来。

发展民族文化的个性,并不是强调强化自身文化而自我封闭或排斥其他文化,而是在与不同文化的接触过程中实现民族文化的革新与整合,达到促进自身文化发展的目的。虽然中国传统文化绵延长存了几千年,有着它内在的力量,但我们也应感受到希望与危机并存。要使中国传统文化这棵摇摇欲坠的大树继续立于世界文化之林,就要树的根基吸纳养分,使它茁壮成长。不能单纯地缅怀中国灿烂的千年古文化,而不去重视和吸取外来文化的精华。辩证地看待中国传统文化,找出它的精髓,"扬弃"它的糟粕,给它开一剂良方,并予以发扬光大。中国传统文化的继承和发展,不能脱离它赖以吸收养分的文化源流,也不可能停留在原来的历史水平上。轻易地否定和断然地肯定,都不会对我们这个民族的未来和发展起积极作用,我们需要的是对传统文化的辩证思考与取舍。

文化自信的重建,是一个浩大的工程,作为文化精英的知识分子无疑是文化建设的主导者或者说是主要的推动者,文化精英们应具有面对生存困境的忧患意识,以及对现实的批判精神,融合传统文化和外来文化,使我们的文化中不仅流淌有西方优秀文化的新鲜血液,而且要使中国的文化传统的精华部分在现代文化的血管中也成为鲜活的部分发挥其应有的作用,弥补过去对传统文化的扭曲,弥合文化上传统与现代不应有的断裂。

南京·中山陵

7

（二）全球化时代，如何找回失落的传统文化

信息社会和网络社会为各民族文化的互补和相互促进提供了物质载体，使世界文化的交流更加直接和频繁。在这种直接和频繁的文化交流中，人们的生活方式和价值观念都会在不知不觉中发生或多或少的变化，由于这种变化自然是基于本民族文化的积淀，于是外来文化和自身文化就会逐渐融合，而使自身文化在吸收外来文化精华的基础上得以优化，也就使全球文化在各民族文化的认同中达到一个新的阶段。

1. 传统文化的逐渐遗失

在经济全球化背景下，社会公众明确地感受到华夏传统文化即将遗失，并同时引起了一系列的新的反思，就是在新的全球化大环境中，在西方生活方式和西方文化随着经济强势席卷而来的时候，是否也要把我们的传统文化和传统生活方式一并改变？但是，在全球化的语境中，我们逐渐失落了东方文化身份。这不能说我们的文化被别人掠夺了，而只能说明，我们没有很好地保护和传承自己的文化。事实上，真正发现东方文化魅力的，似乎少有中国大陆人，而更多的是日本人、我国的台湾人、韩国人甚至是西方人。中国台湾人对待传统文化和大陆就有很大不同，中国大陆人是把传统文化当成一种口号，而台湾人则是把传统文化当成自己的日常生活。无论是上自总统、高官，还是下到黎民百姓，对于文化都是身体力行的。而我们大陆人，喜欢把谈文化当成是一种身份的象征，而不是一种实实在在的生活。

2. 建筑地域特征的弱化

建筑文化作为庞杂的人类文化要素之一，同样面临着建筑的"国际化"、"同质化"或"单一性"问题，正如吴良镛先生在国际建协20届大会的主旨报告中所言："技术和生产方式的全球化带来了人与传统地域空间的分离，地域文化的特色渐趋衰微；标准化的商品生产致使建筑环境趋同，设计平庸，建筑文化的多样性遭到扼杀。"的确，借助于科技进步和工业化生产的文化产业内含着抑制差异的标准化特性，加之在当前中国建筑界，本土建筑文化存在着历史断裂和临阵失语现象，放眼全国到处可见品位不高的西方建筑仿制品，至少在城市建筑的外观和立面上导致了"千城一面"，地域特征正在逐渐弱化甚至消失，这已成为中国城市建筑的一个突出问题；另一方面，建筑文化（尤

双鱼

指发展中国家和地区的建筑文化)的发展还有另一种趋向,这就是《北京宪章》所指出的:"全球化和多元化是一体之两面,随着全球各文化,包括物质的层面与精神的层面之间的同质性的增加,对差异的坚持可能也会相对地增加。"面对全球化的汹涌潮流,人们往往会产生强烈的精神寻根的需求,或者被称为"对个性(identity)的寻求",虽然这多多少少带有一点文化生存挣扎的意味,但它却使人们深刻意识到了不断强化自身文化认同和建筑地域性特征的必要性和紧迫性。其实,对个性或独特性的追求,并不仅仅是个体的一个本质性特点,同时也是不同民族文化的一个本质性特点。充分表达自身的文化价值观念,要求自己的独特性得到尊重和认可,这不论对于个体还是不同地域或民族文化,都是一种最基本、最强烈的心理需求,而且是每一种文化传统的基本权利与合法要求,也是其能够进入多元文化对话与交流的主体性必要条件。

(三)浮躁的时代,如何重构文化的归属感

城市化的推进,不仅意味着城市空间的拓展、城市经济总量的增长、城市人口比例的增加,更意味着深刻的文化转换,意味着新型城市文化、城市认同的建构。在推进城市化的背景下,如何建构城市认同,如何将城市中的自然松散的个体组织整合为有为、有序的市民,如何唤起人们对其生存与工作的城市的责任意识、公共意识、依恋感、归属感,越来越成为关系城市发展未来的重大课题。

现代社会,人类面临着人与自然、人与人、人与自我心灵等冲突,由此造成了生态环境、社会道德、精神等方面危机。

南京·朝天宫

这种冲突和危机时时刻刻在困扰着我们的社会和我们每一个人,尽管社会的物质财富极大丰富,尽管人们的生活水平日益提高,但是人们还是感到困惑和迷茫,焦躁和烦闷,压抑和忧虑,孤独和自卑,感到精神空虚、心浮气躁,感到无所适从。解决这些矛盾冲突和危机,我们很难从西方文化中寻找到答案,而中国传统文化恰恰可以在这方面为我们提供一些有价值的借鉴和帮助。传统文化所关注的是人与自然、人与人、人与自我的心灵世界的和谐关系,和谐是中国传统文化的最高境界。因此,可以说,传统文化是天人合一之学、是人际和谐之学、是身心平衡之学;中国传统文化所追求的是一种真、善、美的人生

境界,它所注重的是生命的存在问题、个人的德行问题、人生的价值和意义问题,因此,它是生命存在之学、是道德践履之学、是理想人格之学、是内圣外王之学、是安身立命之学、是人生智慧之学。传统文化给我们提供的是一种大思想大智慧,它认为人的生命是有限的、短暂的,生死、富贵、夭寿并不是人追求的终极目标,而道德学问的提升、人生境界的升华才是人追求的终极目标。因此,传统哲学把立德、立功、立言作为人生"不朽"的三件大事,把"德之不修,学之不讲,闻义不能徙,不善不能改"作为人生值得忧虑的大事。主张道德自律、修身养性,在纷繁多变的世界中寻找一处属于自己的精神家园和心灵港湾,在功名利禄、醉生梦死的世界中寻找属于自己的"孔颜乐处"。在传统文化看来,只有寻找到了安身立命之本,才能实现平治天下的宏伟目标。因此,我们说,传统文化追求的不是一种有限的、狭隘的功利之用,而是一种人生之妙用、人生之大用。它对于慰藉人的心灵,变化人的气质,涵养人的德性,纯洁人的情感,提升人的精神,开阔人的视野,都有极大的帮助。

1. 城市认同的文化使命

城市认同是市民对城市与个人、城市与组织、城市与社会等城市社会关系、社会存在的集中反映、观念凝结,是人们对城市性质、城市本质的观念反思、行为融入。作为一种特殊的社会文化认同,城市认同具有开放性、整体性、知识性、规则性、行动性等特点。文化认同的意义在于构筑人类精神与心理的安全和稳定的基础。民族文化的价值在于提供了个体成长的文化氛围与精神家园,也提供了让其赖以认同的价值理念和安身立命的东西。这样一种价值和文化如果出现了断裂或者甚至消亡的话,那么他就可能成为精神上和文化上无家可归的人。增强城市的认同感,对城市发展和形象提升具有重大作用。改革开放以来,城市化已取得了巨大成就,但也出现了不少问题,城市认同的不明确、不自觉,导致市民的责任意识、公共意识、依恋感、归属感不强,从而造成城市化进程中城市问题不断产生。

(1)文化交流在不断增强之中。在社会普遍交往背景下,不同地域城市人之间的文化、心理碰撞,使城市认同产生较大变化。当前,随着我国市场经济体制的建立与逐步完善,城市中来自不同区域、不同习俗、文化背景的城市人之间的交往也在不断扩大,这种交往不仅是物质、利益的交换过程,也是一个新的游戏规则、新的交往文化在碰撞、磨合中产生的过程。因此,在社会交往不断增强的背

扬州·小盘谷

景下，能否形成包含宽容、开放精神的新城市认同，对城市发展具有重大意义。

（2）公共意识在不断重构之中。城市人口的快速增长和城市空间的拓展和重组，使得基于公共意识的认同感处在不断变化之中。以南京为例，从人口数量来看，由 2000 年的 623.8 万人，增加到 2010 年的近 800 万人。从空间布局和重组来看，随着南京城市空间的拓展和老城更新的深入推进，物质空间植入阶段将逐步过渡到文化的侵入与演替阶段，新的社区文化将取代原有文化。因此，由于人口的迁移和空间的重组，市民的文化认同和社会认同需要有较长时间积淀和发展，迫切需要当前及今后对市民的认同感进行培养。对原有城市人口而言，从文化、心理上接受新增城市人，以一种宽容的心态接受城市"新人"，与新城市人群平等交往、和谐相处，无疑会经历一个文化磨合、心理调适过程。对大量新增城市人口而言，融入城市，面临着从以自然经济为基础、以血缘地缘为纽带的农业文化认同，向以新型生产方式为基础、以新型交往方式为纽带的现代文化认同的转换。新、旧城市人能否互相吸收对方美德，克服自身不足，在共同生产、生活交往中建构新的城市精神，形成新的城市文化认同，对城市秩序与发展的意义十分重大。

（3）社区的归属感在不断淡化之中。单位制居住模式解体以后，居民流动性增强，以往社区管理、治安、维护等工作被物业管理公司取代，邻里守望与居民互助等日常功能性社区关系逐渐淡化。在社区之间，相邻社区间往往由于封闭性与居住者身份的巨大差异而难以形成稳定的社会交流，即使相同社区内居民间的交往与熟识度也相对较低。如富裕阶层的高档别墅区与中低收入者的经济适用房与拆迁安置社区多数分布在城市相同的空间圈层内，虽然空间上可能仅相隔咫尺，但彼此却完全隔离，极少发生任何形式的社会交往。在社区内部，随着城市建成环境的快速更新，居民往往在形成稳定邻里关系以前就开始新的迁居行为，导致社区文化属性和阶层群体认同难以形成，而网络交往方式的侵入和快节奏都市生活等因素同样导致都市邻里的陌生感陡增，并进一步冲淡了城市邻里关系。

南京·大行宫

（4）历史脉络的延续不断考验之中。从老城来看，阶层演替是通过以房地产开发项目为单位的整体植入方式完成的，空间尺度、街巷肌理、建筑风格受到较大影响，区域建筑景观和社会人文环境都得到彻底更新；从城市发展过程来看，城市空间拓展仍在不断推进，这样不仅物质环境景观还在重构，社会结构仍在重组之中。因此，城市居住空间的分异，不仅令新的空间秩序和社区文化的形成仍需要较长时间的积淀，而且城市原有社会脉络和空间肌理被不断割裂，城市空间特色和文化意象受到较大影响。

2. 城市存在的文化根基

改革开放以来，中国城市化进程加快，一方面，外来建筑文化带来新的建筑设计理念和先进的建筑材料、施工方法无疑促进了中国建筑市场的发展，中国城镇化建设呈现出一派欣欣向荣的景象，城市建设的速度、规模、自动程度、每人所拥有的居住面积比以前也大有所改善；另一方面，在中国城市化进程中，其成就是非常表象的，在高度表象的背后我们失去了很多中国建筑文化的内涵。我们对西方的建筑理念甚至持一种盲目崇拜的态度，而忽视了本土文化，正是由于这种对全球化背景下中西方文化的割裂，以及对区域文化、环境的忽视，使得中国城市建筑呈现千篇一律、毫无个性的现状。因此，空间结构的优化、历史建筑保护与更新，塑造具有归属感的空间意境，将对增加城市的认同感，具有重要作用。

（1）有利于整合城市整体意识。城市认同是一个城市具有整体性、组织性的重要标志。城市认同的形成对整合城市人力资源，提高城市发展效率，解决诸多城市问题具有重大作用。市场经济背景下，城市发展既需要有个体意识、利益意识，更需要有整体意识、责任意识。城市认同的重要导向是建构整体意识、公共意识、组织意识，倡导以诚信、责任、宽容为时代内容的城市精神。完善市民的公共理性、社会理性，无疑对解决城市化进程中市民与农民、城市与个人、市场与城市等多重矛盾，保持效率与公平、个人与社会间的合理张力具有重要整合价值。

（2）有利于规范城市公共秩序。对个人而言，新的文化认同的形成意味着文化身份的转换；对城市发展而言，新的文化认同的形成则意味着对社会冲突心理基础的消解，社会秩序的社会心理建构。秩序是社会发展的保障，没有秩序的城市是发展不可持续的城市。城市认同的重要目的、实践导向是提高市民的组织化程度，建构良好的城市秩序。提高市民组织化程度，减少城市边缘人群，是提高城市管理水平、建构良好城市秩序的社会组织基础。而市民对城市价值、规则的

南京·城南孝顺里

自觉认同,则将为城市秩序提供根本社会心理基础。同时,城市认同的建构,对市民组织程度的提高,交往合理化的推进,也将有利于减轻、克服情感孤独、人情冷漠等现代城市心理病。

（3）有利于提升城市知识价值与文化资本。知识经济背景下,共同知识、共同价值对社会有序发展的基础作用日益增强。城市化水平越高,城市精神、城市文化对城市存在与发展的基础作用也越明显。城市居民对城市认同感的增强,共同城市发展理念的形成,对这座城市的游戏规则共同自觉遵守,对化解城市交往风险、降低城市运行成本、提高城市发展效率、促进城市公平程度,都具有重要作用。

（4）有利于增强市民的幸福感。所谓老百姓个人的幸福,就是每个老百姓对自己的物质生活、精神生活现状感到满意;所谓市民全体的幸福,就是一座城市的市民阶层,普遍对自己在这座城市里的物质、精神生活状况,以及这座城市的硬件、软件设施,文化生活、社会治安和民主法治氛围感到满意。单纯的城市建设,并不代表居民的幸福,尤其是若不改善民生,城市建设得再好也使人们感觉不到幸福。因此,只有让人民既过上富裕的物质生活,更通过增强市民对城市的认同,在精神生活方面得到满足,才能最终提升市民的幸福感。

三、以文化基因再造探索城市特色发展之路

文化特色是一个城市形象、品位的重要体现,更是城市竞争力的重要因素。重塑城市特色形象,创造全国甚至全球对于这座城市的认同,必须依靠这座城市的地理特征、人文特色,使城市在市场化、社会化经营中提升价值,在内涵式发展中,走上特色化发展之路。

（一）老城更新和新区开发的新型模式

目前,我国处于快速城市化发展进程之中,城市大规模的更新暴露了改建方式单一、规划失控问题,给城市带来了不良影响。城市更新牵涉到重建和改造,城市大规模重建如果只采用推倒重来的方式,将造成拆迁规模过大,加之对将来发展的预测又难以做到十分准确,

城市持续发展的弹性被削弱,吃力不讨好。且规模巨大的城市更新和重建,使得有些城市特色逐渐消失,许多城市中心及附近的旧建筑群成片被夷为平地,一座座高楼拔地而起,城市的特有的文化趋于消失,破坏了城市文明繁荣的历史文脉。古老的建筑物是城市文明的"根",代表城市的风格。每个城市都面临着为城市发展创造巨大的空间和保护文化遗产的双重任务,这里通过强调城市更新过程中的文化基因传承,寻求城市更新和改造的新型模式,更好地处理城市发展问题。

(二)城市更新及其文化传承的新思路

城市更新中改造与保护的矛盾一直以来就纠缠不清,物质环境和社会网络的激烈变革固然不可取,而守旧落后也将妨碍历史文化保护的永续传承。城市作为一个社会有机体必然面临着新陈代谢、持续变化的过程,关键是不断改善人居环境质量和维护老区活力,同时,实现"保持邻里结构"、"延续传统特色"、"保护城市生活多样性"、"整体协调城市空间"等可持续发展目标。国内的许多历史地段的设计中,仅简单采用了传统街区作为新建筑体型外观设计的蓝本,即复古和仿古的做法,虽然使街区表面上取得了相对的一致性,而事实上却混淆了历史信息的见证性和可读性,使人们无法通过建筑、街区来准确认识、理解社会、文化、城市发展史的延续和变迁。因而,这种单纯表面化的模仿是对历史地段保护和城市文脉的破坏。本文通过深入分析城市文化在城市建设中所起的作用,从文化基因的角度来倡导城市文化的传承,更好地协调保护和更新的关系。

南京市博物馆藏·吴经提梁壶

(三)城市改造与经济互动发展新途径

城市文化遗产是人类积累的宝贵财富,它既是一种文化资源,又是一种经济资源。文化遗产资源可以像其他物质资源一样,通过生产赋予它商品属性,使之较之原来具有更新、更高的附加值,从而创造良好的社会效益和经济效益。城市是各种社会资源要素高度聚集的地

14

域空间系统,是人类活动的中心,是文化遗产的集散地。在区域经济
社会发展中,使城市文化遗产资源转变为区域发展的增量,对一个地
区乃至一个国家都具有极其重要的作用。

　　文化不仅应该作为一种文化资源,更应该作为一种文化资本,使
其具有文化与经济的双重属性,使得它不仅成为文化事业和旅游产业
的重要要素,还在教育科技、新闻出版、创意设计、文化娱乐、城市规
划、开发建设等诸多领域得到广泛运用。系统研究文化遗产资源的属
性、特性,定性定量分析文化遗产的价值,可以发挥城市文化遗产资源
的优势,探索实践开发与运作的路径,实现城市文化资本要素的存量
变增量的质变过程。因此本文通过探索城市化进程中文化基因的传
承与再造,使城市文化发挥其经济效用,成为城市经济发展的一大
助力。

南京市博物馆藏·人面纹瓦当

第二章　文化传承与文化基因的再造

当前,我国城市化正处在快速发展的新时期,城市不仅面临着社会经济的巨大变革,东西方文化交融与碰撞的挑战;而且还面临着旧经济秩序和价值观念的解体,新旧文化思想冲突不断激化的考验。在这个极其特殊的历史时期,不适应时代要求的文化基因将会逐渐消亡,适应时代发展要求文化基因,将会使文化创新和复兴成为可能。因此,不断创新文化传承与发展思路,再造文化基因,将是新时期文化持续发展的重要基础。

一、文化基因传承与再造的意义

基因(遗传因子)是遗传的物质基础,是 DNA(脱氧核糖核酸)分子上具有遗传信息的特定核苷酸序列的总称,是具有遗传效应的 DNA 分子片段。基因通过复制把遗传信息传递给下一代,使后代出现与亲代相似的性状。基因有三个特点:一是能忠实地复制自己,以保持生物的基本特征;二是基因能够"突变",突变绝大多数会导致疾病,另外的一小部分是非致病突变。非致病突变给自然选择带来了原始材料,使生物可以在自然选择中被选择出最适合自然的个体;三是基因重组是由于不同 DNA 链的断裂和连接而产生 DNA 片段的交换和重新组合,形成新 DNA 分子的过程。

(一)文化基因

文化基因是类似于生物界中的基因而提出的,具有与生物进化相类似的特征。所谓文化基因是一种比喻性的说法,是指那些与一个民族的普通人日常生活关系最密切的、具有鲜明民族特色的基本的文化因素,如语言文字、宗教信仰和

南京·朝天宫

生活习惯三者,不包括意识形态、政治体制等与民族特性关系不很密切的文化因素。能成为文化基因的,都是那些渗透到普通百姓日常生活中的、最基本的文化因素。文化因素越是基本,其基因作用就越强。和生物基因一样,文化基因也具有三个特点:一是文化基因的传承。文化基因是社会文化传播与进化的基本单位,文化通过非遗传的方式,特别是模仿而进行传承和发展。而模仿就是一种形式的复制或拷贝;而且,正是模仿才决定了文化基因是一种复制因子,并赋之以复制能力。二是文化基因的创新。如果为了传承而传承,只能称为复制和模仿,而在浩淼的历史的长河中,任何简单的复制和模仿都会导致文化的萧条和流失。因此,仅有传承是不够的,文化还需要发展创新。如果个体在内化的时候,对文化内容能有所创新,那文化就会因此而发展。三是文化基因的重组。文化基因的重组,就是在保持我们民族和地域特性的前提下,大胆引进其他民族和其他地域的优秀文化,以此补充和改造我们的传统文化,从而形成更具活力和时代特征的地方特色文化基因。

(二) 基因再造

文化基因的创新和文化基因的重组,就是这里所说的文化基因再造。深藏在一个地域中一个民族的文化基因,在外界各种条件成熟时,在新的条件和手段的作用下会产生变异,这是由于文化基因在传播过程中片断的损失以及人们有意识地调整与改良。它可以使文化基因获得更强的生命力和更丰富的内涵,相反也可以造成传统聚落及聚落文化的逐渐消失。文化基因必然古老,伴随着一个民族生长、发育、成熟。世上没有一成不变的东西,一切都变动不居,文化基因也如此,比如语言文字,几乎无时不在变化之中。语言文字是现实生活的反映,随着科学技术的发展进步,人们生活环境的变化,语言不能不变。总体来说是变得更加丰富,正如生活本身不断在丰富一样。变不是丢失,而是更新。要在变化中把握文化基因的方向,使其适应现代社会的需要。

文化基因的再造,既是一个改造传统文化的过程,又是一个创造新文化、发展先进文化过程。对传统文化"取其精华、去其糟粕"、"推陈出新、革故鼎新",是文化创新的基本途径之一。文化创新离不开对传统文化的继承,继承是创新的必要前提。对一个国家民族来说,如

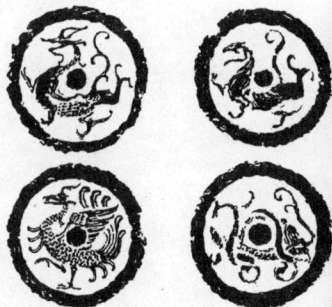

四足·瓦当

果漠视对传统文化的批判性继承,其民族文化的创新就会失去根基。创新是继承的必然要求,文化创新表现在为传统文化注入时代精神。

文化基因的再造包括两个方面:一方面对传统聚落的保护应考虑多方面因素,不应使传统聚落的保护仅停留在物质文化方面,使其发展停滞成为一种"文化化石",应使传统聚落不断适应人们生活方式的改变,不断发展,实现地域文化在变革中延续,文化基因得以共生。另一方面,应重视对聚落非物质文化的保护,因为只有了解深层的文化背景,才能更好地理解有形的物质空间;只有重视每一个有价值的文化基因,使之得以在物质空间中保留和呈现,才能在真正意义上延续传统聚落的风貌特色,达到外在与内在的一致。

(三)再造意义

南京·朝天宫

由于地域环境、民族风俗、亲缘关系等不同,形成了形态万千的民居形态,文化作为历史的积淀,存留于城市的建筑中。当今社会,经济结构和社会形态的深刻变化使社会变迁加剧,在经济全球化的影响下,城市文化受到西方强势文化的冲击,建筑的地域性特征承受着异域文明的侵袭,传统建筑被推倒重建等等,原有城市结构的整体性受到破坏。这一系列现象造成了城市地方特色和文化多样性日渐缺失,地域文化特征被逐渐忽视甚至遭破坏,城市文化发展面临较大挑战,文化基因再造为我们保护与传统城市文化寻找到了一种可行的方法。

根据达尔文的进化论学说,自然界的生物基因在传递过程中,存在着适者生存的规则,文化基因的传承过程也一样,不适应时代要求的文化基因将会逐渐消亡,特别是在这样一个受经济、旅游开发活动及现代文明冲击的背景下,传统聚落文化基因更加速了其消亡的脚步,这正是当前传统聚落及文化保护处境艰难的深层原因。文化基因库的使用有利于各具特色的文化基因的传播,使文化创新和复兴成为可能。由于传统聚落的自然生态及社会文化环境相对脆弱,有必要对传统建筑中的文化形态保护问题做进一步深入全面的研究。因此,文化基因的传承和再造,对丰富城市文化内涵、提升城市文化品质具有重要意义。

18

二、文化基因再造的物质载体

　　当歌曲和传说都保持沉默的时候,还有建筑在说话(果戈里)。每一种文化都离不开建筑这个载体,而且建筑总是把历史文化非常有效地、完整地记录下来,这也就是说为什么我们要讲建筑文化。把建筑跟文化结合在一起,它的魅力、它的作用远远超过了建筑本身和文化本身,也超过了建筑加文化这两种,它的内容也就更加的丰富。建筑与文化的这种交融关系,赋予了建筑作为文化载体的使命,使建筑自身也成为一种文化——建筑文化。

（一）延续城市文脉

　　刘易斯·芒福德认为,城市是一个巨型的容器,具有贮藏与保存文明的效力,许多社会功能在此(城市)之前处于自发的分散、无组织状态中,城市的兴起才逐渐将其聚拢到一个有限的地域环境之内。城市景观是将人类文明积淀予以实体化与符号化。历史建筑是城市历史和文化的载体,它们延续了城市的文脉,是城市发展的历史见证,而且蕴涵着丰富的传统文化和地域文化,有些还结合了外来文化,因此,历史建筑的形式、色彩等方面具有丰富的历史、科学、艺术、文化、审美、情感等价值。通过对它们的研究,可以史为鉴,反思现代城市建筑风貌中的不足,协调新老建筑之间的关系,从而形成良好的城市历史风貌。

　　作为文化载体之一的建筑,深刻而广泛地反映着人类的文化,包含了哲学、伦理学、政治学、心理学和美学以及民俗、民风和工艺技术等诸多方面,具有传承社会文化的重要历史作用。研究建筑的内涵,便可探寻整体文化的源流与脉络,特别是哲学思想的发展变化以及社会经济之背景。因为,建筑不仅仅表现为物质方面的技术与功能,也表现对精神方面的洞悉与把握;既直接为人们的现实服务,又有着丰富的人文内涵——以它对历史的连续性和对未来的限定性给人的心理、生理以影响,发挥着能动的塑造作用。甚至可以说,建筑史总是同人的生命史、人类的发展史以及国家的进步史紧密相关联。正是因为建筑本身所具有的文化特性,才保证了建筑始终忠实地扮演着历史赋

南京市博物馆藏·将军罐

予它的文化角色。

（二）凝聚人文精神

建筑文化遗产，作为一个城市固有的个性风貌，是历史磨砺下的文化积淀，既凝聚着浓厚的人文精神，也展示着民族的文化底蕴。旧城是逝去年代的历史见证，它最重要的价值并非经济价值，是一种历史文化价值，是情感价值，是能够引起国人自豪感的价值符号。

就本质而言，文化是人对自然的人性化改造，在这一"文化"过程中，自然越来越符合人的要求，人也越来越提高了自己的本性。当人们建造形式、质地、风格各异的建筑，使之既能舒适、安全地居住，又能体现人的人生观、审美情趣和价值意向时，蕴涵于其中的人文精神、理性意识、生活理念等，要么是文化的内在要素，要么是文化的外在体现，或兼而有之。

（三）塑造城市形象

建筑是一种语言，语言作为一种文化的载体要非常有个性，一个地方要呈现文化个性的话，在建筑语言上就要使用方言。这种方言是指存在地域、文化、风俗、民俗、民情、历史积淀形成的一个地方区别于其他所有地方，在视觉上一目了然的这种建筑语言。一个城市最直观的"名片"就是它的建筑风格，国内外许多城市都因拥有独特的建筑风格而闻名世界。如欧洲的巴洛克式、哥特式、拜占庭式建筑，因为其精巧的构思、整齐的排列、错落有致的独特风格，尽管年代久远，却仍然备受推崇。古罗马的万神殿、巴黎的卢浮宫、伦敦的大英博物馆、巴塞罗那的米拉公寓、德国的科隆大教堂、北京的故宫、上海的东方明珠广播电视塔、澳门的大三巴等公共建筑已化为城市的符号，与城市融为一体，为其带来了世界声誉。城市特色重点体现在以下两个方面：

差异性：雷同总是无法引起人们的兴趣，伟大之城之所以伟大，就在于其特色鲜明、与众不同的个性形象。事实上，每个城市的自然条

南京·鸡鸣寺

件、传统文化、人群结构千差万别,经济实力、发展战略和目标也各不相同。这种稀缺性和不可复制性的特质决定了我们的城市发展必须从实际出发,坚持走差异发展、错位竞争的路子,不能照搬照抄其他城市的做法,更不能生硬地把西方城市的形态复制到本地的城市建设中来。

艺术性:城之美,在艺术。很多城市建设和建筑往往大中见小、小中见大,虚中有实、实中有虚,乱中见整、个中见全,平中求奇、熟中求生,通过或藏或露、或浅或深、或高或低的布局,体现出艺术美感,同时反映出当地的社会生活状态。中国古建筑就非常注重结构的审美艺术,比如,房间的窗子不仅有透气的功能,更多的还是一种审美要求和设计。曾有人指出,主管城市建设的市长、副市长,应具备较高的审美水准,这样,他们对城市建设的决策指向才会更加"美妙"。

三、汉民族建筑文化基因解析

从文化基因的表征特点来看,城市文化基因划分为物质文化基因和非物质文化基因。物质文化基因是为人们为满足生存和发展的需要,运用各种工具改造自然,进行创造发明的物质生产过程,并通过一代一代的模仿进行传承和发展。在城市聚落中,物质文化基因是聚落有形的形态,其中蕴含着复杂多样的非物质形态意义,是聚落社会经济、文化、技术的载体表现形式,并时时向人们传递着丰富的历史文化内涵。非物质文化基因主要包括人们之间建立起来的社会关系、组织形式、行为规范和准则、价值观念、道德、心理状态等,可通过人们的感知、体验与物质要素结合,表现出一定的物质形态。非物质文化基因影响着传统社会中家庭结构以及由此形成的宗法等级制度等,而宗教、哲学、习俗等文化基因则直接影响人的生活方式甚至价值取向、道德修养等。物质文化基因和非物质文化基因两种不同形式的基因相互联系,相互影响,使中国城市聚落文化形成了独具一格的特色,制约着城市聚落的选址、整体布局及民居的外部造型。

城市不仅是一种空间系统,而且也是一种复杂的经济、社会、文化现象和社会发展过程,是在特定的地理环境和社会经济背景中人类活动与自然相互作用的综合结果。城市形态和历史建筑的方方面面都反映出文化基因作用的痕迹。物质文化基因与非物质文化基因二者相辅相成、相互作用，为聚居环境赋予独特的空间特色，共同构成了聚落形态的多样化特征。物质文化基因与非物质文化基因之间没有绝对的界限，在具体的聚落景观中，总体现出抽象的文化基因；而在非物质文化基因中，也有具体的建筑景观，如宗教中的佛塔。可以说物质文化基因是非物质文化基因的载体，包括建筑、装饰、色彩、城市形态等。

新中国的改革开放带来了东西方文化的不断交流，中国文化像海绵般大量吸收各式各样的外部文化，就现代空间设计而言，在吸收外来文化的同时，要充分表现出本民族文化的特点，发扬中华民族的优秀传统文化。水流千遭总归大海，延续和弘扬国学传统与人类文明已成为不可抗拒的历史潮流。因此，现代空间设计作为一种新兴的艺术形式和产业，它体现的不仅是现代气息，更体现出中华民族的文化特色。中国现代空间设计要在国际设计领域中独树一帜，必须跨越时空借鉴古今中外的文化资源，找到自己最原始本性的东西。

（一）文化基因之本：天人合一

湖北·武当山

原始的自然崇拜信仰万物有灵，把自然看作自身的一部分，这对人类聚居观念造成了一定影响。聚落选址时与其周边的自然环境有着密切的关系。在聚落构成的意念中，山、水、森林契合了人的某种生活意义，能顺应"天人合一"的理念，营造具有自然意义的聚居环境。因此，完整的城市形态应包括山谷、森林、田野、溪流等自然要素。基于"天人合一"的哲学思想，中国建筑艺术的理性思维所关注的问题主要在于，如何通过建筑实现和表达人类同大自然的密切关系，以及对自然之道的依从与崇敬。中国建筑文化令人深为感动地体现出"宇宙即是建筑，建筑即是宇宙"的恢宏与深邃的时空意识。这是一种自古就有的、人与自然相亲和的建筑"有机"论。

《城市文化北京宣言》指出："中国传统的天人合一理念，尊重自然、道法自然的思想，是珍贵的世界文化瑰宝，也是对今天的城市发展具有重要价值的基本原则。""天人合一"作为哲学命题萌芽于西周，定型于两汉，成熟于宋代。明确提出"天人合一"一词的是宋代的张载，"儒者则因明致诚，因诚致明，故天人合一，致学而可以成圣，得天而未始遗人。""天人合一"思想是东方综合的思维模式的具体表现，是宇宙整体论。中国传统文化的思维方式，是讲综合、讲整体概念、讲普遍联系,其思维特点是从事物的整体、万物的联系、事物的相互渗透和过程去观察和研究事物的本质和规律。季羡林先生把"天人合一"思想提高到思维模式来论述,认为东方的思维模式是综合的,是"合二而一"的;西方的思维模式是分析的,是"一分为二"的。"天人合一"这个命题"正是东方综合思维模式的最高最完整的表现"。"天人合一"观把宇宙看作是一个大家庭,万物和人都是其整体的有机组成部分,彼此相通,互相依赖,共生共长,共同进化,即"天人一体";而西方从"我"为主体,"事物"为客体的主客二分的方式来认识事物,这种认识很容易把"我"与"事物"对立起来,把事物分割支离破碎地去把握和了解,也很容易步入机械化认识的怪圈,从而导致人与自然的绝对对立。

湖北·武当山紫霄宫

"天人合一"思想所具有的独特的空间模式及人地和谐思想,对今天的人们正确地处理好人地关系,解决环境危机,对现代城镇选址和城镇布局,建设理想家园富有深刻的现实意义。古代聚落及其环境作为文化、艺术与社会的载体,受"天人合一"哲学思想的影响是十分鲜明而具体的。近年来,随着人类社会的快速发展,城市建设与发展过程中出现了系列的新问题,这种情形下,中国古代"天人合一"的哲学观念逐渐受到人们的重视。

"天人合一"的规划建设观。"天人合一"之"天"有三种涵义:一指广大自然,二指最高原理,三指最高主宰。由于不同的哲学家所谓天的意义不同,他们所讲的天人合一也就具有不同的涵义。基于自然之天的"天人合一",强调人与自然的和谐;基于最高原理的义理之天,强调人道与天道的统一,仁义礼智乃是宇宙最高原理;基于"万物主宰"之天,相信"天"为一种神秘的力量,主宰宇宙万物,人的活动要顺服最高主宰的意志,这是一种文化信仰。

(1)自然之天与聚落营建的和谐观。在中国哲学看来,天道、人道本是一个道,它根源于自然。老子说:"人法地,地法天,天法道,道法自然。"天地万物之道的根本在于道法自然。崇尚天地、尊重自然,对自然资源的合理利用,一直是中国古代聚落营建的主要特征。与西方传统哲学思想强调"人对自然的控制、征服"不同,"天人合一"思想强调"人是自然界的一部分,要服从自然界有普遍规律,人类道德原则和自然规律是一致的,人生理想就是实现天人协调"。对"天人合一"的理想追求,孕育了聚落建设的"中庸适度"的营建思想,通过对聚落规划建设进行节制和约束,通过把聚落的规划建设与经济的发展、自然的承受力结合起来考虑,从而使聚落成为"天人合一"理想境地。这种强调人与自然相协调统一、为后人着想的营建思想,不仅对我国古代聚落的可持续发展产生了深刻的影响,对当今追求经济与社会相融合、城镇与乡村统筹发展、区域协调共荣、人与自然和谐相处的城市规划与建设也具有十分重要的借鉴作用。

与西方科学与宗教相互对立的观点不同,中国人将上帝(神)和自然混合起来称之曰"天"。因此,以"天人合一"哲学思想规划建设城市,除了追求"人与自然和谐"外,还追求"人与人和谐",在城市规划建设中,不仅要从环境方面来适应自然,而且应在具体空间设计方面要能促进人与人之间的和谐,

(2)义理之天与聚落营建的伦理观。"天人合一"的第二重含义是义理之天。国学大师钱穆认为天人合一乃是中国文化的最高信仰,也是中华文化的终极理想。"天人合一"不只是关于人与自然关系的讨论,更是对最高道德标准、人生理想和文化信仰的讨论,认为人伦纲常源于宇宙的最高秩序,人生的最高理想便是追求"天人合一"。

湖北·武当山

孟子提出"天人相通",认为天之根本性德,即含于人之心性之中。天人合一的思想认为天道与人道,实以一贯之。宇宙本根乃人伦道德之根源,人之道德最高准则乃宇宙根本之发现。义理之天对人居环境的影响,也就是"仁义礼智"道德原则对人居环境的影响。其中最重要、最直接的就是"礼"。"礼者,天地之序也。"(《礼记》)而"礼"的核心是"序",也就是规则,即人与人之间的伦理纲常。"序"是万物和谐的根源,社会有了秩序、空间有了秩序才会和谐。中国古代社会就是通过"礼",建立一种人与人的秩序,从而实现社会的和谐。这种观念反映在聚落的规划建设中,就是要追求人居环境的"序"。中国人居环境的"序"是通过六个方面实现的,即辨方正位的方位观,以中为尊的空间观,以高为尊的建筑观,以九为尊的数字观,以黄为尊的色彩观,以大为尊的规模观。这就形成一个讲究等级、秩序的建筑环境,为人居环境蒙上了一层伦理的色彩。中国古代人居环境中,从最小的人居单元,到人居本体,再到区域人居,乃至所谓的"天下",都是由一个完整的秩序统一起来。从都城到省城,再到县城,再到最小的四合院,都反映出这个特点。在每一个人居面上,也无不反映出人伦的特性,明清北京城可谓是一个典型,

它充分体现了中国古代人居环境的伦理特性,体现了东方文化温柔敦厚的礼乐精神。因此,中国古代的人居环境就是一种秩序化、伦理化的人居环境。通过空间的伦理性、教化性,促进人文和谐,并影响人自觉成为宇宙最高原理的实践者,达到天人合一的境界——成圣。

（3）主宰之天与聚落营建的文化观。"天人合一"之天的第三重含义是指主宰之天,认为宇宙万物由一种神秘的力量来主宰。中国传统哲学中的"天人合一"思想不仅包含着"人"应该如何"知天"的方面,同样也包含"人"应该"敬天"、"畏天"的思想,而"天人合一"作为"人"所追求的一种最高境界。在中国人观念里,神的世界与人的世界非常密切,亦可说天人合一,即是我们的最高理想。宇宙最高主宰之天对聚落营建的影响主要体现在人居环境建设要安排神灵的祭祀空间以及祭祀活动。古代所有的聚落营建都十分重视对神灵空间的安排,这里是人们进行精神活动的重要场所,体现了古代人居环境对人的"终极关怀"。明清北京的天坛、地坛等都是一种对神灵在人居环境中的体现,这类神灵空间的设计一般都有十分鲜明的象征意义。北京天坛"天圆地方"的设计理念,祈年殿、圜丘的形式、色彩、规模设计处处体现了"天人合一"这个主题。在这个空间里,人们通过祭祀礼仪活动,达到宇宙最高主宰神灵沟通的目的,从而实现人的灵魂与天的"神交",达到天人合一的目的。神灵空间或者说是精神信仰空间在古代人居环境用地中占有很大的比重。明清时期,黄河沿岸的韩城、河津两城,精神信仰空间的用地就占到了整个人居用地的13%。由此可以看出,天人合一不只是反映在人居环境空间建设上,还反映在人们的文化信仰里,使得聚落环境成为一个富有凝聚力的地方公共社会的精神场所,一种具有神圣内聚力的诗意的栖居地。

从天人合一哲学思想对中国古代城市营建的影响来看,无论是人居单元,还是整个城市格局,均共同体现出这样几个特征：

（1）追求人文环境与自然环境的和谐,追求自然与人文的统一是中国古代城市营建的一条基本规律。中国古代城市营建以追求与自然环境的和谐为基本原则,从人居的最小单元,到大尺度的人居环境建设,都表现出一种与生俱来的寻求与自然融合、共生、和谐的特质。人居环境与自然的和谐不是空洞的,而是具体的,是通过具体的设计手法实现的。在这方面,中国古代人居环境建设积累了丰富的经验,无论是区域的

山东·曲阜

25

形胜思想、城市宏观格局的设计,还是人居单元的建设,都有着一套十分成熟的手法。这是一座非常丰富的遗产宝库,对今天的城市规划建设依然有着十分重要的意义。此外,中国古代城市与自然的关系,从来不是单纯的自然,总是以自然与人文的统一为主旨,赋予自然以完整的人文意义,形成钟灵毓秀的城市环境。

(2) 通过人工空间的秩序性实现人居环境的伦理化,促进理想人格的培养和人文环境的和谐是中国古代城市营建的内在气质。中国古代哲学把天道与人道统一起来,把宇宙最高原理推演为人伦道德的仁义礼智。在人居环境的建设过程中,忠实地将人居环境秩序化,把宇宙最高原理空间化、具体化,从而使人居环境有了人伦的属性,实现了"宇宙最高原理、人居环境、人伦纲常"的三位一体。一座按照"人伦纲常"营建的城市,是一种通天达人的宇宙最高原理的自觉实践。通过空间秩序强化人伦纲常,促进人实践宇宙最高原理——仁义礼智的自觉性,完成人生的最高理想——成圣,进而促进人居环境的人文和谐。所以,伦理性、教化性和人居环境的化育功能,是中国古代人居环境的内在特质。

(3) 关注人的文化理想和文化信仰,给人以终极关怀,是中国古代城市营建的最终依据。中国古代人居环境不只是人工空间与自然空间的叠加,在天人合一观念的影响下,中国古人在人居空间里建立了神灵空间,构建一种"天地人神"四位一体的神圣聚居环境,以满足人们精神、信仰的需求,从而创造出一种寄托人们文化理想与文化信仰的诗意栖居模式,体现出对人的终极关怀。文化理想与文化信仰往往深刻影响人居环境的建设,一个尊重人的文化理想与文化信仰的人居环境必然会具有一种神圣的内聚力,这便是人居环境的深层结构,它是对人生价值的诠释,是人居环境之所以如此的最终依据。

因此,"天人合一"的城市营建,是一种追求人工与自然和谐,自然与人文统一的建设实践;强调人居环境的秩序性、伦理性及其化育功能,促进理想人格的培养与人文和谐;强调人居环境不只是简单的人工环境与自然环境的结合;寄托了人的文化理想和信仰,是一处给人以终极关怀的精神家园。当然,"天人合一"作为强调与自然环境协调的哲学观念,并不能说中国古代人与自然的关系就完美无缺了。但是,只要全面审视中国人居环境建设的过程,就无不体现出一种热爱自然、向往自然、回归自然、融入自然的价值取向,这种价值取向始终追求聚落与自然环境的和谐,追求自然与人文的统一。

（二）文化基因之根：儒、道、释

中国文化由宋代起，开始趋向"多教合流"即所谓"以佛修心，以道养身，以儒治世"。这种一体化的思想，其实质正是中国文化"大一统"的基本精神，而这一切，又都在统一的建筑形态中得到了形象化的表述，传统儒道释是中国空间布局和建筑文化的之根基。中国建筑自两汉以来，饱受儒、道、佛诸家的浸染，使之在文化层面上表达出诸多抽象的语义与深刻的哲理。今天，我们所能感受到的中国古代建筑，其实更像一个文化的载体与容器。儒道释的时空意识，对人们探索具有文脉特征的建筑特征成因及内涵，以及中国现代建筑具有重要意义。

1. 儒家思想对建筑的影响

《礼记·中庸》中所谓："上律天时，下袭水土"，追求"阴阳为序"，亦旨在建构时间进程的秩序，因此儒家时间极轴外化于环境，就是注重环境的序列和内在秩序。简言之，即从"天"、"时"中获得一种理想的空间秩序。故孔子说："为政以德，譬如北辰，居其所，而众星共之。"这种居中向心的空间秩序，其内涵是反映儒家思想核心以及序位等级的"礼"。

儒家以礼为代表的人文思想，建立了中国文明的伦理秩序，而秩序的目标就是和谐。儒家把人世用君臣、父子、夫妇、兄弟、朋友的关系设定了行为道德标准，这就是五伦。这种秩序反映在建筑的空间上，形成中国所特有的空间观。

山东曲阜·孔庙

首先，是均衡、对称。按照人体的造型，建筑基本是对称的，因此对称的空间与人之环境感受是相配合的。也就是说，中国建筑自始即应合自我的形象，建立了空间秩序。

其次，建筑配置井然有序。中国的个体建筑都是简单的长方形匣子，因此凡建筑皆成组。四合院几乎是最起码的组合，每一个组合都反映了天命的观念，都是一个小宇宙。在成组的建筑中，从个体建筑的高低大小，可以看出何者为主、何者为从，建筑群因此可视为人间礼制的反映。在住宅建筑中，按身份分配居住空间，有前后之分、左右之别，秩序井然。

以群体组合为主要特色的中国建筑文化，非常注重平面布局的技术与艺术，把"庭院"作为中国传统建筑的精髓与空间核心，反映了中国特有的时空意识，儒道互补作为中国传统文化的二极，构成了中国庭院文化的一条基本线索。尚礼性庭院式的布局不仅与家族聚居的家庭结构相适应,也同封建礼教制约下的思想意识和心理结构相适应。一组围合的庭院式空间,构成了一个封闭的小天地,典型地体现了封建族权、父权统治所需要的"独立王国"的建筑环境。在这个封闭的小天地中,几何形的建筑空间秩序与伦理道德秩序形成同构对应现象。严整纵深的庭院组合,中轴突出的对称格局,提供了建筑空间的主从构成、正偏构成、内外构成和向背构成,这些空间构成都被赋予礼仪上的尊卑等第意义。透过正院与边院,正房与厢房,正殿与配殿,外院与内院,前庭与后庭等等空间的主从、内外划分,庭院式的组群充分适应了封建礼教严格区分尊卑、上下、亲疏、男女、长幼、嫡庶等一整套的伦理秩序需要。

在传统中国社会中,礼制是影响中国几千年的思想,礼是发自于人们内心的,它起着一种社会规范整合作用。从春秋战国时期开始,在《考工记》、《商君书》、《管子》及《墨子》等政治、伦理和经史书中,就有早期的城市规划的思想和理论。《考工记·匠人》在城邑营建制度方面对"王城"、"诸侯城"、"都城"的用地面积、道路宽度、城墙高度、城门数目等都做了明确规定。方格网布局的营国制度深刻影响着中国历代都城建设,无论是明清北京城还是以前的都城,如汉长安城、北魏洛阳等,都是按照国家等级礼制进行建设,完全符合《考工记》的方形营国制度。总之,翻阅一个城市的发展史,其府衙、寺庙等建筑的布置,"左祖右社"、"前朝后市"的踪影依稀可寻。

2. 道家思想对建筑的影响

道家的空间意识,以自然无为的"道"为尺度,"万物万形,其归一也,由天乃一,一可谓无"。这里的"无"即老子的"道",老子说它"无状之状、无物之象,是谓恍惚"。因此道家的"天"主要是一个抽象而模糊的空间概念,与儒家的时间极轴相对应,可将此视为空间极轴,而道家空间极轴的进一步延伸即呈现空间意识清晰化与自然化的双重特征。这种强烈的自然意识与空间意识,对中国传统建筑艺术的发展产生了深远的影响,这就是开始注重建筑、庭院与自然空间的交流,反映在视觉上,其空间特征是空、灵渗透的,其表征是:轴线秩序弱化,庭院平面组合更趋灵活;通过庭院回廊、墙的泄漏将自然空间导入院内,突破庭院空间的封闭性。建立于道家空间轴之上的内外空间渗透

甘肃·拉不楞寺

机制开辟了中国传统庭院的先河,形成了庭院空间的复合性特征,也蕴育了中国庭院独特的生命意识、审美意识。

3. 佛教与建筑

由于佛教与中国文化的融合,以及佛教建筑与中国传统建筑的融会,从而形成中国独特的建筑文化风格。佛教自西汉末年传入我国,带来了三种新的建筑形式:寺院、佛塔、石窟,其成就与影响,尤为佛塔为甚。中国的寺院建筑样式与宫殿相似,融会了中国宫殿建筑的美学内涵,在时间进程和空间的形式上二者都具有共同的特征:屋顶的形状和装饰占重要地位,屋顶的曲线和微翘的飞檐呈现着向上、向外的张力。配以宽厚的正身、廓大的台基,主次分明,升降有致,加上严谨对称的结构布局使整个建筑群显得庄严浑厚,行观其间,不难体验到强烈的节奏感和鲜明的流动美。

(三)建筑文化务实:风水理论

"风水观"是我国古代为追求理想的生活环境,受"天人合一"哲学观念影响,在实践中逐步形成的一门有关聚落规划布局与建设的思想。中国古代风水,已有一套完整的概念系统,深深地浸透于中国古代的城市选址、城内布局之中,浸透在民居宅地的选择、规划布局中。要研究中国一些具有悠久历史的城市及城市里的民居,要通过建筑进行文化再造,不能忽视中国存在了几千年的风水思想,否则系统是不可能完整建立的。中国的堪舆理论在世界上是独一无二的,它所强调的天时、地利、人和的完美思想体系,充分体现了人类向往美好家园的至高境界。虽然这个庞大的理论体系中夹杂着一些历史的糟粕,但它的主流思想是客观的。

风水是一种"环境选择"的学问,其基本取向是关注人与环境的关系,与传统的"天人合一"自然观基本一致。中国传统的风水观习惯于从生态的角度看世界,风水不仅把人看作是自然的一部分,更把大地看作是一个有灵性的有机体,有机体就必然要强调生态平衡。因此,风水观为与自然相融的聚落规划建设提供了重要的思想理念和方法举措。根据聚落形态和范围的大小,可以划分为以下三个层次:

1. 山川形胜

山川形胜是风水理论中从大的范围来把握自然的空间结

江西·婺源

构,进行人居环境选择的观念。中国古代大凡进行人居环境建设,都十分强调对形胜的考察。从都城到各府州县,甚至寨堡、庙宇、驿站的建设与形胜的认知都紧紧相联。中国古代志书的开篇几乎都有"形胜"的描述。在选址上,"缘水而居,不耕不稼"(《列子·汤问》)展示了处于蒙昧阶段的人类选择居住场所的景象。讲究"凡立国都,非于大山之下,必于广川之上"(《管子·乘马篇》);"法天象地,尝水相土";"故圣人之处国者,必于不倾之地,而择地形之肥饶者。乡山,左右经水若泽。内为落渠之写,因大川而注焉。乃以其天材、地之所生,利养其人,以育六畜。"(《管子·度地》)风水也认为,都城基址必须选择大环境,才能修建庞大的都城。或背山面水,或枕山临流,或依山跨水,其选址优越,城市环境与周围自然山水条件和谐,以得天时地利。"人之居处,宜以大地山河为主,其来脉气势最大",中国人居总是把居住地与周围的山水作为一个整体来认识,寻求一种人居与四方山水空间的理想秩序,古代的勘舆在这方面积累了一定的经验。堪舆以"左青龙、右白虎、前朱雀、后玄武"作为理想人居自然环境选择的标准。与此同时,也赋予人居空间文化的意义,把人居选址与人居地的人文发展紧密联系在一起。将人居的自然环境与文运联系起来,这在中国古代人居环境中,几乎是所有人的信条。

2. 城市格局

山川形胜是人居与自然一个大致、粗线条的关系,在风水理论中城市格局则是具体的,体现了人们主动与自然亲近、和谐的价值取向。城市格局与自然的关系表现在聚居朝向、轴线指向、重要建筑的选位等方面。中国古代人居环境尽管有分辨南北正位的传统,但在实践中却十分灵活,人居环境的朝向往往以自然环境的山水关系为依据。人居轴线所指之地都是经过严谨考究的,不是随意确定的。城市格局中的中心建筑通过轴线与特殊的自然形态建立起紧密的联系,从而将整个人居与自然环境紧紧融在一起。这从秦代建设阿房宫时的"表南山之巅以为阙",到隋唐洛阳宫城与伊阙的关系都体现出这种手法。城市格局是一个人工与自然共同作用的一种形态,是重要建筑相互之间的空间关系与自然环境格局有意识交织的结果,体现了人工与自然的有机融合。山、水、城、建筑在人居环境里不是简单的拼凑,而是通过具体设计手法而形成一个可视、可感、可思、可意的,有着内在关系和完整文化意义的诗意栖居环境,集中反映了人们追求人居环境"地灵育人杰"的"灵地"意象。

江西·婺源

3. 人居单元

中国古代人居环境中的人居单元就是一个小的院落，也就是普通意义上所说的宅院。中国古代的人居中单元不是单栋建筑，而是建筑与庭院的综合体。庭院可以说是中国古代人居单元的精华之处。庭院把自然引入人居最小的单位，庭院内也可凿池植树，栽花培草。人在居处直接感受日月星辰、昼夜复始，感知四时交替、莺歌燕舞。《黄帝宅经》指出"夫宅，阴阳之枢纽"。无论是达官富贾的大型宅第，还是最普通平民百姓的宅院，都体现出对自然的亲近。这种亲近自然、向往自然与自然和谐的精神在中国人居细胞里就是如此的深刻，反映在人居的整体环境中更是如此，这是中国人居与生俱来的特质，是人居环境建设的一条基本规律。

在天人合一观念影响下，中国的人居建设就有了自觉保护自然环境的意识，重视对居住地山脉地势、河湖水系、古树林木的保护。

总之，可以说"风水"是认知城市空间和进行空间规划的一种技术路线，亦即"天人合一"——人地关系和谐。具体来说：

（1）风水思想的内核是追求聚落营建的和谐。理想的人居环境是人与自然的和谐统一，或如古语所云"天人合一"。风水是一门关于环境选择的学问，追求聚落的理想环境是风水的永恒主题，人要立足于自然，聚落要与自然气息保持通畅，这样才能使人与自然这两个有机体得以正常发挥其潜能，故风水体现了聚落和谐（人与自然、人与人和谐）的营建思想。

（2）风水思想的精髓是尊重聚落营建的伦理。风水以独特方式构建了中国聚落营建的伦理思想，认为尊重天地要像孝顺父母一样，故聚落的规划建设对自然的尊重和环境的尊重，达到了至高境界。

（3）风水提倡"道法自然"的规划思想。风水将阴阳的动态平衡应用到聚落规划建设中去，规划师要在纷繁复杂的社会价值游戏之中，找到一个"无为"的平衡支点，必须"道法自然"。无为不是无所作为，体现的是慎行的观念，规划在做出每一步行动时，都必须对场所有深入的了解和敏锐的意识，而且是在对聚落深入的了解基础上，对规划有敏锐的感觉。

（4）风水促成了聚落特色文化的形成。我国古代建筑内涵富有哲理，外形注重形象，具有较为鲜明的文化特色。中国的风水不仅仅是建筑技术问题，而是文化思想与技术的结合，这也是我国古代建筑自立于世界建筑之林的根本所在。在中国有很多风水建筑，造就一些经典型的人文建筑景观现象,如《易经》中的"三易"("简易、变易、不易"),它是构建中国园林建筑的文化灵魂,游历这些园林建筑让人感觉清爽,这就是简易;清爽中又曲径通幽变化无穷,这就叫变易;简易与变易交相辉映,这就是不易,如福建土楼这个世界文化遗产项目集中体现了这一点,它容纳了风水、文化、景观、生态、人文为一体,是一个环境景观生态风水学的样本。

中国的文化传统是一个活的生命体、一个发展的范畴,而不是死水一潭。传统文化的诸多方面都可以随时因势而变,但它的原生文明中的基本精神却一以贯之。因而,正确认识和继承中国建筑文化,不应是对前人的形式、风格和原型的简单模仿、拼贴与借用,这样就把"民族性"、"地域性"简单化、庸俗化了,而应认知与体悟其内在的精神信仰、审美意境和对空间的特殊认知,应从哲学的视野中深刻把握地域建筑文化具有超越性的内涵,也即抽去具体的、特殊的历史内容与形式之后保持下来的某种精神特质,而这些精神特质有可能恰是现代建筑最缺乏的因素。

(四)文化基因地域要素

非物质文化基因是影响城市形态的重要内在因素,在某种程度上决定了聚落的形态特征,非物质文化基因主要体现在精神文化生活层面,与乡村居民的民俗、宗教、文化等息息相关,这些文化基因虽然是抽象、无形的,但其作用是不容忽视的。

1. 宗族制度与血缘

家庭、家族和宗族是血缘关系的三种表现形式,家庭是组成宗族的基本单位。通过千丝万缕的血缘关系联系起来的众多家庭组成的具有完善组织结构的宗族,对广大农村的居住状态有着广泛而深刻的影响,在村落空间上反映出不同层次,给人以井然有序的感觉。这种由宗族血缘派生的"空间"关系,使看似松散的建筑连接成为一个整体,数千年来一直影响着中国传统建筑形态。中国以家族为单位的居住文化在一定程度上规范了居住形态与建筑布局,就建筑功能来说,促使生活、生产合一的多功能建筑产生。在具体建筑布局上,出现了三合

古徽州

院、四合院等群组建筑,以厅堂为主,中门两厢、三坊一照壁、四合五天井,一进一进,围着主轴线,以水平状态向纵深发展。

2. 风俗习惯

中国是一个多民族的国家,各民族之间既有一定的共性,也在长期的历史发展过程中形成了自己特有的风俗习惯。这些不同的生产传统和风俗习惯又对聚落的形态和整体空间环境产生不同程度的影响,构成不同的聚落类型。这些风俗习惯多半与传统节日相联系,各类公共活动名目繁多、丰富多彩,如农事节、庆贺节、祭祀节等。这样,必然要求开辟专门场所"节点"满足公共活动交往的需求。不同民族和不同地区风俗习惯对农村聚落的影响还突出体现在院落布局、住宅结构、房屋形式和建筑艺术风格以至于室内外的装饰等方面。

四、城市文化基因再造方式

文脉的精髓在于变,不变则废,变则通。每一代人的文化都是不一样的,只有对每一代人文化的适当保护才能保证文脉的传承与延续。文脉本身意味着不断发展的脉络,停止发展无异于切断文脉。文脉延续不全在形式上,更多是在内涵神韵上,缺乏创新,没有新的衔接,城市的内涵神韵就会褪色,文脉就可能中断,城市就不能延续。特别是当前已经遭到严重破坏的旧城,需要在保护文化遗存的基础上,发掘其历史文化内涵,并赋予旧城以新的历史文化内涵,使得城市文化得以源远流长、脉承不断。同样,在保护古代遗产的同时,要将时代精神和地域特色融入其中,为后人留下一批宝贵的现代遗产。

韩国首尔·景福宫

（一）遗产的原真保护

在原真性保护即使历史文物建筑传之永久的同时,充分挖掘这些历史景观背后所蕴藏着的历史事件、时代精神与文化活动的独特魅力,运用现代的科学技术手段以及城市建设的政策导向,让这些已封存的历史事件、精神以及功能重新鲜活起来。

建筑遗产的"原真"相应地可以分解为"物"(信息源)的原真性、"信息"的原真性、"历史"的原真性三个层次。"物"的原真性在于信息源的真伪和可信度的判定;"信息"的原真性在于对物所包含有意义信息的正确认识、解释;"历史"的原真性在于建筑遗产信息所反映的历史真相,也即所见证的历史的原真性。保护建筑遗产从根本上是为了保存有意义的历史,这一认识有助于我们对"原真"问题作出解答。何谓"真"? 真即为建筑遗产的物态、信息和历史原真性这三者的主客观统一。其中,物的原真性是"真"的基础,而历史原真性是判定"真"的意义所在和重要指标。

纵观当前保护实践,可以发现,当"真"和"久"出现不可调和的矛盾时,"真"通常让位于"久",可谓"文物建筑的最大价值在于它本身的存在","如果文物建筑本身不存在了,一切都谈不上了"。如对于建筑遗产的历史与环境的原真性问题,《威尼斯宪章》认为,"一座文物建筑不可以从它所见证的历史和它所产生的环境中分离出来";《文物法》中也有"应当尽可能实施原址保护"的规定,这是对"真"的追求。但一旦"为保护它而非迁不可,或者因为国家或国际十分重大的利益有此要求"(《威尼斯宪章》)时,上述两文件中都接受易地保护。但此时"真"对"久"的妥协并不能认为是对"真"的贬低,而是把对"真"和"久"的追求统一于具体的保护实践中。因实际情况不同,实践中对"原状"的处理方法亦不同,可概括为三种情况:

1. 力求保存物态层面上的原状

如木构建筑,当建筑遗产保存情况相对较好,中国传统的维修技术中已有很多如"抽梁换柱、打牮拨正"等经验可以借鉴。而需落架大修时,要求不仅外观保持原样,还要尽可能少的更换构件,同时尽量采用当时的加工方法和传统工艺等等。这皆为物态层面上的原状对保护的要求。但诸多技术措施如何运用,还要具体分析。如应县木塔上三层保存较好,下二层损坏严重,在维修方案中,有建议采用上三层提升、下二层落架大修的方法。不改变物态层面上的原状在我国保护实践中积累有丰富经验,其原则可概括为"修旧如旧,以存其真",简单地说即"修旧存真"。

2. 保持信息层面上的原状

当建筑遗产损毁严重,但尚存明确的依据和信息,如遗址、测绘图纸和照片、文献记述和图画、可资参照的古迹等,可

南京·朝天宫

通过科学复原进行修复，以保护和展现建筑遗产。此时的"原状"，已非原物，更多是信息层面上的"真"，力求与原物有尽可能相同的信息。这种复原的保护方法是一种"加法"，在整体上没有损害原有残存物的价值，而是保留了原物的原真性，增添了原物的信息量。只要有充足的材料、充分的科学复原的依据，经过认真评审和依法批准，复原重修的重要古建筑，不仅再现了昔日的辉煌，而更重要的是，使这些历史上的建筑能够长留人间，以它完整的形象展现其历史的风采。应该说，这是符合中国木结构特点的保护方法，可称为东亚木构建筑体系保护实践的特色，其原则可概括为"修旧如新，以现其真"，简单地说即"修新现真"。

3. 再现历史意义层面上的原状

若原物不存，亦无可资借鉴的信息，自当不可复原；此时若进行重建，至多保存了某种历史意向，已不属于建筑遗产保护的范畴。如黄鹤楼的重建就属此类。但它们往往同建筑遗产相联系。如新近建成的雷峰新塔充当了两种功能，一是作为雷峰塔遗址的展览馆，再一是延续历史传统，成为当代的观景新塔。前者作为遗址保护措施的一部分，后者则是历史意向的再现，两者之中，后者在各方面都起主导作用。雷峰新塔还特意去表现新技术、新材料，打下了深深的时代烙印。

南京·朝天宫

如何做到原真，关键在于对文化基因的挖掘。城市文化是地域社会精神财富和物质财富的长期积累的结果，每个地域都有其独特的文化基因，只有挖掘和传承它们的文化基因，才能使一个城市真正富有特色，形成集体凝聚力、创造力。因此，需要对城市文化进行深入挖掘、整理、评估，建立文化基因库，为城市文化基因的传承与再生提供依据。而且，要紧密结合城市经济社会发展的实际，根据当地的文化资源的需求，在传承和再造文化基因的同时，推动城市经济社会发展。

总之，"原真"的"真"有其物态、信息和历史三个层次，是主客观某种形式的统一。对于"原状"的判定，即原真性评估，必须在三个层面上进行细致深入调查研究，全面了解所有相关资料，进行分析判断，并经不同知识背景的高素质文保工作者集体努力，力求达到接近实际和本质的"原真状态"。在保护实践中，《文物法》规定的"不改变原状原则"可概括为"修旧存真，修新现真"，以能"全面地保存、延续文物的真实历史信息和价值"。

（二）现代遗产的再造

保护历史街区和建筑的原真性，并不意味着要逆历史的潮流，将历史的时针反拨回某个朝代、某个时期，而是以当代人的价值观对现状进行历史的判断与取舍并加以利用，在可持续发展的原则下为当代人创造更多的价值。因而历史保护与更新目标，又与当代人们对历史的理解、现在的认识和对未来的追求直接相关。

首先，要明确我们的保护是在再造中的保护。就像过去的人没有意识到历史保护的重要性一样，当代人也不可能预计出我们的后代想要保护什么，所以城市的保护与更新永远是站在当代人的角度，而它自身也是历史事件，也有可能被列入后人的保护名单。在城市更新过程中，我们更应尊重城市进化的规律和城市演变的特征，提倡小规模的、动态的更新。对历史建筑的再利用应该多借鉴国内外的成功经验并发挥本土的创新能力，寻求灵活多样的可适应性再利用方法。

其次，要明确再造是传承中的再造。即通过在现代建筑中融入传统和地域元素，为后人创造或保留一部分现代遗产。每一个时期都有自己独特的文化背景，形成独特的文化风络。从古至今，文化发展演变形成完整的文化链条，不应在当代发生断裂。因而，针对当前城市"千城一面"缺少文化内涵的格局，在历史建筑的保护与更新、当代建筑的设计建设过程中，要在保存、保护原有风貌格局的同时，反复挖掘民族、地域文化特色，积极留住并创造一部分文化遗产，丰富城市的年轮，唤醒人们的记忆。

第三，要明确再造是共生中的再造。现代文明发展过程中，人们的观念发生转变，人们对现代文明与传统文化间可能存在某些认识上的偏差，如果在规划设计以及保护方面稍有大意，长期积累的建筑文化资源，就很可能在短期内迅速逸散，需要我们建立有效机制保护与再造文化基因。如何做到历史与现代的共生，是聚落保护与发展的关键。不少传统聚落自有它的风采，有着深厚的历史文化底蕴，达到了精神与物质的统一，但由于技术上的落后不能满足现代社会的物质功能要求，出现文化上的"高层次"和使用上的"低标准"，从而被看做"中看不中用的古董"。因此，传统聚落必须与社会共同发展，其文化基因也应如生命有机体一般，在变革中延续，在新陈代谢

南京·朝天宫

中成长。

总之，保护并不是要冻结这些文化遗产的现状，而要让它们融入现代生活之中，继续发挥作用，这是继承和延续传统文化、地域文化，实现文化遗产保护可持续发展的必然选择。没有继承谈不上发展，不了解城市文化内涵和历史建筑的价值，城市规划设计和建设将会走模仿和抄袭之路，从而造成城市文化的断裂和文化的缺失。因而，基于文化基因的改造与扩建应包含了当前最为先进的科学技术，并以完美的结构设计、精致的细部构造、精良的施工工艺显露出对精细、考究和高品质的追求，体现较强的时代特征，打上高技术的烙印。

（三）市民家园感重塑

一座具有魅力的城市，首先是一座适宜于市民居住的城市，然后才能言及该城市其他特色。城市是市民的家园，故而城市就必须让市民在城市中能感受到"家"的气息。因此，城市建设与发展不仅能使居民能够在这座城市中居住（宜居），并且热爱在这座城市里生活（乐居）。首先，城市必须围绕市民的居住而展开。所有的城市环境，无论是纯观赏性的装饰景观，还是纯功能性的工程景观，都必须以市民的居住为基点而设计与建造，都必须服务于市民的生活。其次，要尊重市民的情感。城市是市民维系自身情感的重要场所，居住在此的居民才是城市的真正主人。在城市环境的改扩建中，尤其是在老城更新改造中，提倡市民公众参与，要充分考虑和尊重市民的情感，要为市民留下情感记忆和城市的历史痕迹，将城市塑造为市民所认同的市民家园。所以要治理城市病或预防城市病，就要重塑市民家园感，把市民的尺度重新找回来，将失去以久的市民情感找回来，将无限膨胀的欲望恢复到合理的框架之内，从而彻底扭转物质压制人、技术压制人的窘境。

街巷是为城市居民营造亲切邻里氛围和较强归宿感的重要载体。街巷是城市的脉络和支撑，如同线一般把聚落空间串联了起来，是聚落从整体到细节末梢的向导，狭窄的巷道空间给人很强的围合感，且易于识别。人们对聚落的感受可以通过街巷来获得，街巷是组织景观的重要手段，聚落中的住宅与街巷形成透视形象，共同构成了街巷环境整体。在聚落空间中，街巷是一种公共活动空间，既是邻里间的连接体又是隔离体，具有连续的视觉特征。复杂多变的道路网络及宜人的巷道空间能引发聚落和聚落生活的无限变化，为城市居民营造亲切的邻里氛围和较强的归宿感。街道并不单纯为了满足交通功能，同时也是商品交换、人际交往的活动场所，使人与街道的亲和性大大增强，也使街巷充满着活跃的气氛。

南京·城南

第三章　城市化进程中文化内涵的缺失

在西方城市化过程中出现的一些问题和败笔,在中国城市化进程中却被当作楷模和经典来加以实践;在西方城市进行深刻反思自身文化的时候,我们却不加分析地全盘吸收;在西方城市化发展过程中,连他们自己都不知道对错的时候,我们却给加上了绝对正确的注脚;在西方城市文化迷失的时候,在把文化转向东方寻找支点的时候,我们的文化自卑情结却高过了任何历史时期。因此,全球化浪潮吞噬和同化着中国许多富有地域特色的城市文化,城市也将丧失了文化的独特性和它最珍贵的"精神血液"。这是一场人文领域内的城市灾难,是一种人文和精神意义上的生态危机。

一、突出表现

20 世纪 80 年代前,由于城市建设十分缓慢,我国旧城中的传统建筑作为居民的住所,一般都得到了较好的维护,相对而言,这些文化遗产保存得还比较完整。80 年代后,随着经济的发展,城市规模扩大,许多古建筑和历史街区都遭到了不同程度的破坏。进入 90 年代后,随着房地产经济的进一步发展、全球旅游热的兴起,遗产保护陷入了一种尴尬的境地。一方面,一些政府机构为了追求城市经济的发展,吸引开发商,在遗产保护、旧区拆迁等方面没有坚持规划的原则,致使旧区乃至整个古城的风貌遭到了破坏,同时居民的利益也受到了侵害,另一方面,由于对历史文化遗产保护的片面理解,拆真古董、造假古董之风盛行一时,造成了一种更大的"建设性破坏"。

南京·门东

当前,在古建筑和古街区保护与开发中,存在两种极端的做法:一种是继续保持现有的土地使用性质或与其有关的性质。如保持历史建筑的原有功能,这样其原真性、完整性和生活性得到保护,因而遗产的文化价值得到保证,但是潜在的商业价值可能未得到发掘。另一种是以地产价值作为追求目标,拆除大部分建筑物,重新定义土地的用途,这显然是与保护的原则相违背的。这种两种模式的改造,未能将历史功能与现实功能有机结合起来,从而未能实现价值的最大化。根据国内外古建筑及街区成功保护与开发的实践,古建筑和古街区保护与开发,可改变旧建筑的主要功能,但是保持其历史风貌特征。即从人的现实需要出发,使其适应现代生活,也就是适应性再利用,如果操作得当,可实现文化价值和经济价值的最大化。

(一)肌理毁坏,形象解体

中国建筑问题不是形式和表象问题,而是表现在对城市肌理的破坏,原有城市价值消失加上大量商业性建筑的席卷,导致了原有城市解体。在现代城市的建设中,大量的历史建筑、传统街区被毁坏,居民的传统生活习惯也随之被打破重建。在整个街区文脉破坏的同时,也会强制迁移原有住民,使得一个承载人类历史信息、传统文化的历史街区甚至整个城市,成为一座空留历史形式的孤寂之城。从历史街区和历史建筑的保护与更新来看,传统建筑未能得到原真保护,是当前中国城市文化发展过程中最突出的问题之一。

南京·城南

(1)毁真建假。历史文化遗产保护的原真性要求,是保护的基本价值观,去伪才能存真,打假才能保真。在保护历史文化遗产原真性的前提下进行改善和利用,是保护的积极价值观。真伪有别、保护与改善利用相结合是世界上对文化遗产保护的普遍做法。牛津是英国著名的具有传统历史风貌的名镇,它的古城堡历经时间的侵蚀已变得破败,当地的政府对古城堡进行修缮和利用,采取的是"保旧以旧,补新则新"的原则,使其真伪有别,既保证了原有历史遗产的原真性,又使其能与现代的社会生活相融合,在保存了真实历史信息的同时做到了以积极利用来实现最佳的传承。在我国,那种拆了真古董而大建假古董、以假乱真的做法,虽早已引起了有识之士的非议,但不少地方政府却仍乐此不疲。打着"弘扬民族文化"旗号的各色"汉城"、"唐城"、"宋城"以及仿古街,在各地风起云涌。这种以假乱真、今作古用的浪潮,迷失了历史遗产保护的正确方向,愧对历史和祖先。

（2）拆旧建新。对历史建筑物的珍惜与积极利用在我国尚没有形成普遍的社会认识，在进行旧城改造和更新时，对于历史性建筑我们往往是毫不吝啬地一拆了之。大拆大建的旧城改造，不仅仅是拆毁了历史文化遗产和传统风貌，更是一种极大的资源浪费和损毁。城市中大量建筑物的价值（包括物质价值和非物质价值），并不是一般的废钢铁、废纸之类的废旧物资所可以比拟的。对"旧城"中历史遗存的积极更新和利用，应当成为实现资源节约和可持续发展、建设"两型社会"的重要内容。

（二）文化断裂，话语解构

城市文化被现代以及后现代化的话语解构、削平，城市景观只剩下空间的广延，而缺失时间厚重的深度。历史和文化在建筑中只剩下平面的形式，仅作为一个肤浅的符号或作为一个时髦的标志在新的城市景观上随意拼贴。

由于建设受利益的驱使，很多做法与居住文化的"人本与实用"精神相违背，在建筑风格、建筑尺度、景观、空间和环境的营造上逐渐与传统聚落文化相背离。人们不再推崇传统聚落中营造格局，营造上呈多元化。由于传统聚落规模和建筑格局难以适应当代人口和家庭的变迁，聚落在发展中经历了所谓的"文化丧失"，老建筑寿终正寝，新建筑在尺度、布局和形式上与传统环境及住屋形式格格不入。

（三）情境缺失，归属减弱

只有建筑与人性的完美结合才是城市建筑的最高境界，才是人心灵的最大慰藉。长期以来，由于建筑学对城市研究的统领，使我们的城市研究变得僵硬和呆板，只见建筑而不见人，见人而不见生活，重物质轻精神，缺乏"人本"意识。

实际上历史文化保护不仅是城市中的一个文物古建的保护，还包括对城市社会和文化结构中各种积极因素的保护和利用。许多建筑的规划，使旧时的邻里关系受到摧残，而新建聚居区忽视了相应的文化背景，破坏了人们基于其文化背景而形成的环境场所的意象，以往生活、生产、交往多种功能合一的聚落景象已不复存在。同时，在历史城市文化建设中，有些做法仅仅片面地为了追求其旅游的经济价值，

南京·城南

41

打造商业性较强的复古仿古风格街区,对原有居民的影响较大,甚至将原有居民迁移来打造一个新的旅游区。这种做法虽然貌似对城市文化进行了再现,却并不全面。因此,这样的建设使人们丧失了聚落认同感,也更加不会有归属感,从某种意义上说,使聚落丧失了"家"的意义。

(四) 形象同化,千城一面

现代商业文化或刺激性感官文化,正在影响着城市的可持续发展,改变着城市存续了几千年的文明生态。现代工业主义体系下的一些城市显示出一种形象上的同化,城市的个性在轰鸣的推土机中消失,取而代之的是一座座西方工业城市或商业城市的劣质翻版。遍布城市的高楼缺乏个性,兵营式住宅的排列,死板无趣,建筑的艺术性、文化性得不到显现;在乡村,兴建的钢筋混凝土楼房代替了传统的民居,新的现代建筑不中不洋,造型和色彩很差,既破坏了原有民居的和谐,又没有形成新的风格。纵观我们的大城市高楼林立、面貌雷同,摩天大楼泛滥,形成了新的危机。建筑文化走向了迷失。

近年来,不少城市都在城市建设上投入了大量的资金,以提升城市的品味,塑造良好的形象。于是大型综合商场、国际化大都市的高层建筑、音乐喷泉、步行街、CBD中央商务区如雨后春笋般在许多城市里纷纷出现。楼越盖越高,广场越来越现代,都市化气息越来越浓厚。中国现在城市建设中,从轻轨到空调、从玻璃幕墙到抽水马桶、从地铁到高速公路、从电梯到城市霓虹灯等诸多设施,都采用的是西方工业革命的成果。城市发展速度之快、消化效率之惊人,放眼全球都属罕见。与此同时,城市景观也越来越相似,城市形象差别越来越模糊,城市的传统逐步丧失,城市的文化特色越来越少,城市的个性魅力越来越低。从本质上来说,丢弃自身特色,忽略传统的城市形象建设,反而降低了城市的格调,是一种媚俗的选择。"地方特色"是最简单的感受形式,狭义地说,地方特色是一个地方的场所感,它使人能区别地方与地方的差异,能唤起人们对一个地方的记忆。传统城市由于交通和信息的不够便利,长时间慢慢形成本体城市的各种生活方式、态度与环境,这些都是一个城市的地方特色,而在当今城市发展中,由于各种便利设施的齐备,各个地域之间的政治、经济、文化交流越来越多,特别是交通与商业

南京·城南

造成的城市多样化形式的出现已基本上在各个城市显现出来,特色的交流与融合也使人们无论在哪个城市都能找到类似的事物。而这些现象在中国城市犹为明显。

二、主要原因

从本质上来说,全球一体化造成文化趋同的根本原因。随着现代信息技术的运用,各式各样的信息大量涌入打破了地域文化的疆界,使文化在城市规划与设计上的界限变得越来越模糊,文化的地域特色逐渐趋于同化。

(一)城市发展目标趋同

城市发展的目标定位一般包括四个方面:城市现有的自身素质(包括城市的区位、自然资源、现有经济水平、现代化程度、市民素质等)、城市需要实现的功能、城市持续竞争优势的获取方式和城市战略控制手段。但是我国许多城市在自身发展目标的选取上,缺乏缜密的思考和创新的学习,在这四个方面都很难有清晰合理的界定与描述,从而模糊了城市之间的差异性,尤其是城市需要实现的功能和城市获取竞争优势的方式,忽略了与自身资源和能力的匹配,缺乏对城市内外环境

韩国·济州岛

的细致分析,其中最突出的是对"现代体系"的盲目崇拜。在国际上,许多城市在保留城市的自然风光、历史底蕴的情况下,有选择地使用"现代体系",使得城市具有时代的气息,如法国巴黎、英国伦敦、意大利罗马。但现今我们许多城市不是将"现代体系"作为城市个性的手段,而是将其作为城市建设的最终目的。截至目前,全国竟有 180 多个城市提出了建设"国际化都市"的发展目标,其中有 40 多个城市提出了建设"国际化大都市"的目标。而根据现实的条件,就连北京也只能定位于"现代化国际城市",而达不到"现代化国际大都市"的标准。这种致力于追求短期的高速发展,把 GDP、城市的现代化水准、城市化速度等简单数据作为目标的城市发展方式的流行,导致了各城市之间目标定位的高度相似。在实际建设上,许多城市为了迎合"现代体系"的光鲜外表,往往不惜铲平城市中优美的湖光

山色,诋毁城市中深厚的历史文化,沉溺在"现代体系"的古板与僵死的形式体系之中,使城市成为"千城一面"死板格局。

(二)注重模仿缺少创新

由于工业社会中生产的特性,城市景观、城市构筑物如同工厂流线上的产品一般被简单方便地大量复制,于是造成充斥大众眼球的那些相互雷同、毫无特色、缺少文化内涵的城市环境。经济环境影响了建筑师的创作理念,经济原则成为现代建筑的一个重要美学原则,它推动了建筑向预制化、标准化的方向发展。建筑开始了规模化生产,追求快速、低成本,使建筑失去了个性,建筑的面孔开始千篇一律。学习成功城市的经验对于城市发展来说的确很重要,但一个必不可少的前提是要依据城市自身的条件,正确评估自身的竞争实力和比较优势,并且要充分考虑到与外界环境的交互作用,有选择地学习并加以创新。因为战略对不同的城市而言,应该在明确自身定位后,做不同的事,选择不同的结果。然而许多城市在制定自身战略的过程中,缺乏对自身城市的发展质量、潜力的衡量,没有认识到自身的特色和核心竞争力在何处,对于其他城市取得的成功经验,不因地制宜,不论适用与否,一概拿来,盲目模仿跟从。不同的城市有着千差万别,即使是同一座城市不同的社会发展阶段,主要影响因素也会不同。所以这种简单的经验复制导致了城市战略趋同,而相似战略模式的推广在不同城市里是不可能取得成功的。

(三)强调个体忽视整体

只见建筑,不见城市。城市的建设首先要体现在对原有建筑和自然资源的保护,只有这样才能成为建设城市的起点,才能体现出城市文化的延续。我们继承下来的不是城市建筑,而是建筑所产生的人文价值。城市建设就是在继承的同时,建设和开发新的文化。城市是不同时代建筑的结合,城市是由故事组成的。没有保留历史痕迹的单调的繁华都市形态给人的感觉是"失忆"。联合国教科文组织对于文化的定义是:人类在推进人类文明的进程中,所发生的各种行为的成果总和。广义上讲,发明、研究、语言、建筑等等都属于文化范畴。城市形成衍生出建筑的构造,对宗教的需求产生了教堂,对集会的需求产生了广场,对居住的需求产生了住宅,对交换的需求产生了市场,对艺术行为的需求产生了剧院,这些都是文化的体现。

(四) 缺乏对城市文脉的理解

古代城市建设者大手笔的规划构思和千千万万普通工匠的充满智慧的建造设计,最终形成了一个城市无与伦比的城市形态。但大量的城市建设决策者、建筑师、实施者都很少去体会这些,甚至不愿意,仅仅是对前人的辛勤劳动付出一些努力去试图理解一下,往往是带着自己褊狭的知识背景和审美观念,就目空一切地闯入老城区开始所谓的"创意"、"构思"、"设计"并大谈"理念"。仅从规划设计角度,凭借自己仅有的一点点技巧和审美观去擅自改变不熟悉的城市街区及其历史文化,这种所谓的"创造"行为——因为在这样的情况之下,任何一点点创造都可能是巨大的破坏!换言之,任何建筑师、规划专家都仅仅是某一领域的能手,并不能保证在任何地方进行设计都能取得好的效果。因此,倡导的公众参与,让更多了解这座城市的人加入规划建设的过程,是十万分必要的。

南京·朝天宫大成殿

城市规划设计的市场化造成规划设计的模式化和简单化。城市规划的市场化倾向主要表现在我国城市规划编制部门特别是传统的规划编制部门——规划设计院的企业化的实质。企业是以追求利润的最大化为目标,它所关心的是效率,就必然生产标准化的产品。城市不仅是社会和经济活动的场所,而且更是历史和文化的载体,城市规划是公共产品,但绝不是简单技术产品。

城市规划不仅是作为城市公共资源分配的一个过程,而且作为城市文化的保护者、创造者,作为企业是无法承担这样的公共责任和历史责任的,因为作为企业是以赢利为目的,特别是企业对产品的一致性要求恰恰是与城市极具地域特色的历史文化内涵所背道而驰的。更进一步来讲,规划设计院也好,规划设计公司也好,不仅他们自身的价值观千差万别,而且他们对利益的追求必然会与城市固有的价值观相冲突,然而对开发商来说,城市设计的文化表达对他们来说毫无关系,他们只关心能否得以开发和利润的多少。尽管政府对城市规划建设的投入越来越大,而效果并不明显,甚至更差。这就是城市建设脱离地域文化脱离艺术表现所产生的结果。美国著名建筑师 F. L. 赖特说"建筑,是用结构来表达思想的科学艺术",建筑是一种艺术文化,在考虑其应用目的考虑经济因素考虑工程技术性因素的同时必须考虑到它的艺术性,考虑与城市文化的结合。

(五)人本观念的淡化与缺失

韩国·民俗馆

人是城市建筑的主体,他不但是城市建筑的设计者、建造者,还是城市建筑的消费者,是城市建筑的直接服务对象。当前,单纯的物质功能模式强加于人,忽视人的生理尺度与行为模式,忽视当地的社会心理因素和地域性人文特征,在城市规划和城市设计中"以车为本",不是"以人为本",城市的汽车尺度化,造成人与硬质环境的冲突。然而在城市化进程中,由于人们不断追逐"物本"数量的最大化,从而使城市发展偏离了"人本"化的发展方向,城市因此而出现一些难以调和的矛盾,让城市居民不仅难以享受城市进一步发展的成果,反而给其生活带来诸多不便和困扰。而且,过分强调技术万能,而忽视合理地利用自然和考虑人类需求的多样性,从而使得地域特性进一步淡化。要想解决这一问题,人们就不得不反思"物本位"发展模式的不足。

城市的个性和特性取决于城市的体形结构和社会特征,而城市的形体和特征取决于城市文化特色。有什么样的城市特色文化,就有什么样的城市特征,城市形体和特征是靠城市文化积累起来的,不是凭空建造出来的。当城市文化一旦在新的历史发展阶段产生迷茫,城市建设就会找不到自己的历史源头和未来,城市建筑就会走向歧途。当前,我们的城市现代化建设重复了西方城市现代化过程中的错误。一个个顶天立地的建筑,使人们变得渺小,那种不相称的尺度感和体积感,让人越来越不自信,人们在这种物质巨人面前,变成一个侏儒,变成一个在视觉上和精神上备受压迫的人,个人空间和价值被压缩到了一个无足轻重的地位。在城市从脉脉温情走向冷漠过程中,城市失去了一种人文感的平凡生活,而这种平凡生活正是城市文化的源头和赖以生存的土壤。

(六)追求商业利润的最大化

城市开发方式导致城市地域文化消亡。现阶段房地产开发过程中我们的政策往往只是在"卖地",我们看不到那些被政府用于建设居住区的用地其中所蕴含的巨大文化价值和其在彰显城市地域文化中所发挥的巨大作用,我们所看到的只是暂时的利益。于是,城市中许多蕴含地域文化信息的、对城市公共空间与城市形象有重要意义的地方,都变成了现代化的居住区。殊不知在那些高楼大厦平地而起的时候,城市地域文化却在交易中彻底地消失了。

南京·中山东路

现在很多地方政府也注意到了文化产业的重要性,于是它们就大量动用人力、物力和财力资源,大修文化工程,动辄成百上千个亿资金,修建一些毫无文化价值和历史文物价值的所谓的文化城,动用大批政府资金,搞什么虚假的文化节、艺术节等等,看似是在搞文化建设,实际上是在搞形象工程、政绩工程。地方政府打历史文化名人的牌子,开展一些与文化有关的活动,本无可厚非,但有些地方的文化工程完全是一把手脑袋一热、胸脯一拍就决定了的,完全没有经过充分的论证,没有经过人大、审计等相关审批程序,将纳税人的钱随意支配,去搞一些毫无文化价值和民生价值的虚假工程。尤其是现在随着文化产业的逐步复兴,很多打着文化牌子的所谓文化工程,其实只是地方政府打造政绩工程或圈钱牟利的一个幌子而已。

从以上分析可以看到,城市肌理的毁坏、文化断裂、情境缺失、形象同化,在于以下几个方面原因:

(1) 创造让位于复制。在有些城市更新的过程中,往往对国内外某些成功的案例进行生搬硬套,并未探讨这些模式对当地的适宜性,更没有对当地文化基因进行深入的分析,这样进行的城市更新往往缺乏创造性,这也造成了城市文化的趋同和城市形式的千篇一律等现象。

(2) 个性让位于共性。在缺乏对城市文化深入分析的前提下,城市更新往往难以抓住城市发展的个性。城市文化是城市特色的决定性因素,塑造城市文化形象,提升城市文化品味,要注重特色、突出特色,要根据城市自身特有的地理位置,发展历史和文化渊源等内容。在文化建设上搞好特色,充分展示自身个性,这一点许多城市的做法为我们提供了借鉴,如大连文化特色突出"洋",平遥突出"古",云南突出民族风情,河北唐山突出抗震精神,而湖南"常德诗墙"则把"离骚遗绪"融入现代城市建设中,形成了常德特色。我们只有抓住了城市文化的个性,才能更有针对性制定城市发展的策略,引导城市的发展。

(3) 本土让位于舶来。随着世界经济的一体化和世界文化的交流与相融,城市文化的多样性特征越来越明显。现代的城市中,除了

47

具有本地区、本民族所特有的文化特征以外,几乎所有的城市都不可避免还会有外来文化的某些特征,文化的多样性是城市现代性或后现代性的明显特征之一。在城市保护的问题上,我们虽然应当注意对城市文化多样性的吸收,但更应注重城市的地方性与民族性的文化特色的保护。

从深层次来看,就是我们在城市建设与发展过程中,没有处理好以下几个关系。

(1)没有处理好自然与人工关系。自然是环境的基础。在工业化时期人类生活环境的典型形态—城市中,自然刚被完全赶出了城市,即使自然能够在城市中残存,也只是作为城市环境的装饰罢了。但由于城市作为大自然宾客的自然属性,由于人类自然性与文化性统一诉求,人类仍然需要生活在拥有自然的城市环境之中,这是将城市打造成为水山园林城市的最终目的,实现自然价值与人的价值的统一。因此,在现代工业化城市进程中,在自然被赶出城市环境之外,自然沦为城市环境装饰品或沦为艺术家创作的原材料的背景下,处理好自然与人工的关系就显得尤为重要。

(2)没有处理好空间与时间的关系。现当代所面临的问题是,我们城市建设过程中,多是重视环境的空间结构,重视城市景观与建筑的形式层面,而甚少关心城市的时间结构,甚少关心城市的历史景观存在的价值,即便有也只是将其作为环境的装饰或娱乐的素材,而不重视其在人类文明的传承上所具有的意义。

南京·城南

(3)没有处理好艺术性和生活性的关系。现在我们所面临的问题是城市中出现了异化问题,即物质压制人、技术压制人,人越来越成为"技术"的奴隶。技术创造出"无限自由",使得我们在城市中心甘情愿被她所掌控,心甘情愿被她所异化,而原先城市所坐拥着的自然山水及蕴涵着的历史文化被无情地铲平、剔除。城市不再是与山水保持亲和性的环境类型,不再以市民己身之尺度,而转为以汽车、计算机、通讯这些非人性的物质为尺度的城市。城市不再成为市民魂牵梦绕的家园,而成为追逐利益、满足欲望的趋利之所。

(4)没有处理好共性与个性的关系。共性寓于个性之中,没有个性就无所谓共性。一般情况下,建筑文化区域性的丧失,带来的并非"真理、幸福和创造力",人类的创造力和灵感恰恰就存在于这些个性差异之中。地域性的差别会越来越少,但不会消失,因为正是这些差别才形成了建筑的特色,每一文化都有它赖以成长的肥田沃土,有缔造它的伟大人民和杰出的代表人物,以及历代杰出的建设成就。我们只有尊重建筑文化地域性的差别,尊重每一种建筑文化,才能使世界建筑丰富多彩。

三、土地开发的矛盾

科学合理地开发土地,有序高效地管理土地,是历史建筑或历史街区保护与更新能否取得成效的最关键举措。但由于经济发展原因,历史建筑或历史街区土地开发都面临较为严重的矛盾。

(一)自我平衡的开发改造

保护老城或历史街区,必须以新区开发为依托,并用新区开发获得的土地收益补偿旧城改造的过高成本,才能实现老城保护的目标和老城开发改造减量化、疏解化的目标。在老城改造的过程中,各地区的积极性都很高,也希望通过改造能够改变老城的城市面貌,改善居民的生活条件和设施。但在实际操作中,各地区由于资金问题和财政实力有限,基本采取就地平衡的办法。加上老城内基本为旧城区,人口建筑密集,现存的地区多为危旧房片区、积淹水片区和一些改造后剩下的零星用地,拆迁和改造的成本很高,由于要项目和地块自我平衡,必然要求不断修改规划容积率和控制高度,最终老城改造结果为建筑越改越高,建筑越建越密,给老城增加更大的人口和设施压力,甚至会破坏老城历史文化风貌和格局。为追求项目和地块资金平衡,大部分项目在规划性质上追求高回报的住宅,而且开发强度越来越大。时常出现规划被逼跟着项目走的情况,为项目的顺利实施或企业改制的稳定实现,不得不一再根据资金平衡的要求修改方案和提高容积率,个别地块为资金平衡不得不多次提高容积率。如南京从老城2000—2005年以招拍挂土地成交情况来看,总计成交36块土地,容积率大部分在2以上,有8个地块在5以上,有21个地块容积率在2—5之间,而同期外围新区成交土地容积率一般在1.5左右。各地区改善老城环境的目标无可厚非,也是改善城市发展的环境的需要,但如果都是追求项目和地块自我平衡,以获取土地回报的最大化,则疏散老城人口、保护老城历史文化风貌的目标终将落空。

南京·城南

（二）靠地生钱的二次开发

自我平衡的开发方式，大大提高了老城开发强度，已经成为老城空间保护的一大伤害。但是，问题还不止于此，还有很多开发改造活动不仅需要实现项目自我平衡，而且还要借开发生钱，用老城改造获得的收益补偿在新区扩建或新建的投资，这种"倒补偿"改造模式其造成的最终后果，就是老城开发强度和建筑密度不断升高，人口疏散的目标更难实现，对老城保护和疏散来说更是雪上加霜。如在南京，这种需求主要体现为地方难以控制的部队、企业、院校为解决住房和发展问题，希望利用老城土地级差，通过土地运作获得的收益越多越好，提出将保护多年的绿树成阴、尺度宜人的大院、街区和街巷扒掉，将操场、绿地、传统建筑改建高层建筑甚至高层住宅。由于自身并无开发资金，大部分开发是靠吸引社会上开发公司联合建设，这样下来，本身部队只需要建1个单位的住宅，由于要补偿建设成本和开发公司的收益，必须建成2.5个单位的住宅才能满足住房建设资金投入和开发商的一定利润。再如，南京老城内的部分进行污染搬迁、"三联动"改革的企业，由于资金平衡的需要，大都要求建设收益高、来钱快的房地产项目。

（三）条块分割的土地运作

南京·城南

老城内上述两种开发方式盛行有其深层次的原因，表面原因出现在地块、项目单独平衡上，关键在于缺乏从新旧城整体平衡的角度经营城市土地的运作机制。城市土地可以说已成为城市政府经营城市、加快城市建设的最重要资金来源。对城市可开发土地资源，由政府土地储备中心实行统一收购、集中上市拍卖是城市经营的重要手段。但为了支持各地区发展，往往是外围新市区、新城的土地独立运作，新区土地开发收益归各区用于开发建设，加上各种重点建设项目借助于特殊的建设主题，对一定范围内的土地提出了专项储备、捆绑运作的要求，众多项目都需要土地收益进行资金平衡。如在南京，老城改造所需资金只有通过仅剩的老城内零星土地高强度开发筹集，无法实现通过新区土地运作筹措。在很多情况下，出现市政府储备中心为保障资金收益平衡和顺利运作不得不提出更高容积率的现象,这种现象的背后反映的是土地分割运作的尴尬。因为目前的体制无法从全市层面对土地经营进行统一运作,尤其是无法对土地经营的收益在新区老城、条块之间进行平衡调剂,也就奢谈从更大层面解决老城保护这样的问题。

第四章 宁镇扬汉文化发展及演变

　　"京口瓜洲一水间，钟山只隔数重山。"王安石这句诗，道出了自古以来，南京、镇江、扬州三个城市就有着亲密的地缘关系，这种亲密的地缘关系不是人为创造，而是由历史、人文、地理孕育而成；这种亲密的地缘关系，不仅使宁镇扬成为华夏文明南北东西文化的交汇融合之地，而且在朝代的更替中还保护了中原文化的血脉。

一、宁镇扬三市建城概述

　　历史上江南江北这两个扬州（南京古也称扬州），建城史差不多同时。在今天所称扬州的这片土地上，西周时期就建立了干（邗）国，农业和手工业都有了相当的发展。公元前486年，吴王夫差为争霸中原，"城邗，沟通江淮"，这里从此开始了她的城市发展历史。而南京则是吴王夫差冶铁铸剑之地，他在今天朝天宫一带筑冶城。图谋霸业的夫差大王在历史的天空中灰飞烟灭了，他开创的邗、冶二城却发展为扬州、南京两座名城。几乎处在同一个地域，镇江的文明史与宁、扬一样绵长。西周时，它是宜侯的封地，但其可考的建城史则相对较晚。南京在经历了吴王夫差的冶城、越王勾践的越城、东楚时期的金陵邑……之后，迎来了其城市发展史上的关键一环：公元229年孙权在此建都，筑建业城。一座古代名都就此迅速发展起来，不但东晋、南朝的建康都城相沿不变，以后南唐金陵城和明代南京城也都在此城址上扩建。此前，公元195年，孙权就已经在镇江开筑了铁瓮城，由此开创了镇江的建城史。夫差、孙权两位雄杰，就这样使大江边上的这三座城市从开头就联系在一起。

南京市博物馆藏·青瓷莲花尊

（一）南京

南京是著名的历史文化古都。政区建置的历史,可以上溯到公元前 6 世纪春秋时棠邑、濑渚之始建,至今已有 2500 多年。其间,从中古到近现代,先后有十个朝代建为国都。1982 年即被国务院公布为第一批历史文化名城。南京是江苏省省会,沿海地区和长江流域重要的中心城市,位于长江下游中部富庶地区,江苏省西南部,跨江而居,北连辽阔的江淮平原,东接富饶的长江三角洲,与镇江市、扬州市、常州市及安徽省滁州市、马鞍山市、宣州市接壤。市区东倚钟山,长江流经南京段长约 95 公里,浩荡磅礴,万吨海轮可终年通航,市区距长江入海口 347 公里。主城区位于江南,三面环山,西部临江,山川形势,自古备受称羡。公元 3 世纪时,便有"钟山龙蟠,石头虎踞,真帝王之宅也"的评价。

南京历史源远流长。东郊汤山旧石器时代文化遗址,有距今约 30 万年左右的"南京汤山猿人"完整头骨化石出土;城东北高资镇,发现了数万年前"高资人"股骨化石;南方溧水县神仙洞,也有距今 1 万年以前"溧水人"的遗迹。

今市辖区范围内距今 6000 多年前,南京市区中心的鼓楼岗西北侧的北阴阳营和玄武湖畔、长江岸边,已有新石器时代的原始村落,聚居着南京的初民。到距今 3000 多年前,市区范围内沿江河地带,已经相当密集地分布着青铜时代的居民聚落,现已发现 200 多处遗址,皆为傍水台地,以秦淮河中游的湖熟镇一带较为集中,称为"湖熟文化"。据文献记载,当为东夷人居地。其年代,大体相当于中原的商代中、晚期到西周前期。后来南京地区在春秋战国时期形成的古城邑,与"湖熟文化"的发展关系密切。

春秋时,南京地区"盖进退于吴楚之间"。约在周灵王元年(公元前 571)前后,今行政区域江北出现了楚国棠邑;稍后,吴国置"濑渚"于今市域南部固城湖畔,南京有政区设置由此开始。战国初,周元王四年(前 472),越王勾践灭吴,遂于(今南京)城南侧长干里建筑"越城",主城区建城由此始。周显王三十六年(前 333)楚威王大败越国,尽得吴国故地,于石头山筑城置"金陵邑"并"郡江东",为南京主城区建置政区治所之始。秦、汉时期,南京地区随经济之发展而建县渐多。至汉末,三国鼎立局面初成,吴国主政者孙权于黄龙元年(229)立国都

南京市博物馆藏·梁其钟

于"建业"，是为南京建都之始。

从中古到近现代，继三国孙吴之后，东晋、宋、齐、梁、陈、南唐、明朝、太平天国以及中华民国，先后建都于南京。"金陵自古帝王州"，略去其间唐初辅公祏宋国、明亡以后的南明弘光王朝等为时短暂的几个小朝廷不计，南京史称"十代名都"。

南京城建置历史 2500 多年，十代为都，前后共约 487 年。建都时间不算很长，但历次成为一国之都，都与中国经济、文化熏心东移南迁的历史趋势密切相关，且多处于历史转换重要关头。因此，不论列举中国"四大古都"或"六大古都"、"七大古都"，南京在其中都有独特的重要性。

南京市区在秦、汉 400 多年间不过是地处江东秣陵县之辖地，至东汉末年三国鼎立，一跃而成为吴国帝都，除了长江天然屏障、"虎踞龙蟠"的优越地理条件外，更与江南经济的迅速开发密不可分。随后东晋、南朝四代相继立都，"六代豪华"著称于世，更与中国的经济、文化重心东移南迁的大趋势以及民族大融合关系盛大。六朝正值中国封建社会由前期向中期过渡；五代十国时期，中国又一次由统一而分裂，南唐立国虽为时不长，但正处于封建社会中期唐、宋两个统一王朝接替的"中点"；明朝建立，则标志着中国封建社会后期的开始。

南京作为都城，正处在中国古代这几个历史转折、接续的关键时段，而且，是当时最安定且比较先进的地区，为保存、延续和发展社会经济和文化作出了独有的贡献。

六朝建康都城"偏安"江左，却在这里完成中国文学史上的第一次大总结，文论、诗体以及史学发达而至空前高峰；建康都城继曹魏邺都及魏晋洛都传统，而创中国都城之新形制，为北魏营建洛阳新都所效仿，而后有唐长安之宏伟规制。凡此种种，史称建康文化，"继汉开唐"，即为接续国家统一之例证。南唐立都金陵不过短短 39 年，而"人材众多……隐然大邦"，"六经臻备，诸史条集，古书名画，辐轶绎帷，俊杰通儒，不远千里而家至户到"，亦称"继唐开宋"之一代。明王朝及中华民国时期，南京为"一统之都"。明朝立足南京而完成统一大业，与唐宋以来"天下财富十九出于江南"的历史态势密不可分。明太祖朱元璋即在《立南北两京诏》中宣称："武功大集，混一之势已成，十七年间，粮储军需百物，科征频繁尤甚，民无休息者，皆江左一方。"至明成祖时京师北迁，以南京为南都，仍是"天下财富出于东南，而金陵为其会"。民国时定都南京，自亦与江浙等地经济、文化之发达居全国之先

南京市博物馆藏·窑彩绘瓷瓶

54

有关。十代择都于金陵,自不可忽视地域空间的发展状况正是其都城建立、成长的母体和基础。

南京作为著名古都,不论其为"宇内混一"帝京还是"偏安江左"之国都,都在中国历史上作出不可磨灭的贡献。上起三国,下至现代,建为国都的历史跨度跨越 1700 多年。中国历史上,秦、汉、唐之恢宏气度,元、明、清之雄伟繁盛,主要见于其他著名古都,而其间若干重要历史时期,特别是历史转换、接续关头的中华文明,诸如"六朝豪华"、"天京风云"乃至"民国开基"等等历史足迹,则非古都南京莫属。南京的发达与辉煌,也恰是在这些历史的转折时期。

南京城市的形成与发展,在古代,取决于历代被选择为行政中心,特别是几度成为一国之都城,便是古城发达、辉煌的高峰时期。中国古代城市,有一个显著的特点,即受政治的影响特别大。某地被选定为某一级行政中心,便由政府出钱,征调民力,赶筑城垣,兴建公署(或宫阙),城池由此形成。目前保留下来古城,追溯起源,绝大多数都是不同级别行政区域的核心。换而言之,即中国古代城池都是作为某一级行政中心的空间形态而形成、发展,或称之"政权的物化"。南京城市不仅不为例外,而且在这方面格外突出。

(二)镇江

镇江是江苏省省辖市,南京都市圈核心层城市、长三角重要的港口、工贸和旅游城市,先后获得国家历史文化名城、中国优秀旅游城市、全国科技进步先进城市、国家卫生城市、国家环境保护模范城市、全国社会治安综合治理优秀城市、国家园林城市等称号,空气质量指数、生活质量指数均位于江苏省前列。

春秋时,镇江地区叫朱方。《吴越春秋》和《左传》记载,鲁襄公 28 年(前 545 年),齐相庆丰争夺政权失败,率领家族逃到吴国,吴国国君把朱方这个地方作为庆丰的采邑;战国时期,楚国消灭了越国,镇江叫谷阳,公元前 201 年,秦始皇第五次东巡到了镇江,改谷阳为丹徒。丹徒这个地名用了有 2200 年。在三国时叫——东吴。在东晋时,因安置了大量北方流民,而与北面的徐州相对应,在刘宋时期定名南徐州,因而南徐一直是镇江的别名。隋朝统一中国后,以城内的润浦河命名,改南徐州为润州。到了宋代,因镇江离出海口越来越远,

楚国青铜器

55

遂将唐代沿袭下来的"镇海军"改为"镇江军",宋徽宗当过"镇江军"的统帅,因而将镇江的地名由润州改为镇江。润州这个地名在镇江经历了隋、唐、宋三个朝代,用了500年;镇江这个名称,经历了宋、元、明、清、民国、中华人民共和国六个历史时期,从公元1113年至今,用了近900年。

1856年第二次鸦片战争后,根据《天津条约》、《北京条约》的规定,镇江被辟为通商口岸。1861年设立租界,英租界占地162亩,直到1927年镇江商会会长陆小波代表国家收回,1929年中外双方办理了移交手续,结束了镇江成为租界的历史。从理论上说,镇江成为租界的时间为73年,而实际上是66年。镇江之名至今已沿用了800多年。镇江名称的演变反映了镇江一直是重要的政治中心和兵家必争之地。

镇江是一座历史悠久的江南名城,其历史到底有多久?有的说"两千多年",有的说"三千多年",两种说法都有道理,也都有根据,只不过,有的人并没有真正分清"镇江的历史"和"镇江的建设史"之间两个不同概念。"两千年说",说的是镇江的建城史;"三千年说"说的则是镇江有文字记载以来的历史。现如今,人们介绍或是解读一个地方的历史,通常是指一个地方有文字记载的历史。镇江有文字记载的历史,始见于三千多年前的一件西周青铜器物,它历史地、真实地再现了镇江的历史。因此,可以这样说,镇江有三千年的历史,不是推算出来的,更不是估计出来的,不但有史可考,而且有出土文物为证。翻开古城镇江的历史,最早称"宜",是西周朝宜侯的封地。上个世纪的1954年6月,镇江大港的烟墩山,出土了一件稀世国宝——西周初期的青铜器物"宜侯夨簋"(现存中国历史博物馆)。出土于镇江大港烟墩山的这件"宜侯夨簋",上面铸有126个字的铭文,记载着西周天子东征的史实,铭文的字里行间还传递出西周初年的井田制和奴隶制的历史信息。宜侯夨簋的主人是宜侯,历史上有记载,这位宜侯,是西周朝周康王周钊册封的侯。

"宜",即现在的镇江、丹阳一带,乃宜侯的封地。"夨",即宜侯之名,叫周夨,系仲雍的第四代孙,亦名周章,所以,又称"宜侯夨"。根据历史记载,宜侯夨死后,葬于宜。"宜侯夨簋"这件西周青铜器物,之所以是国家级的文物,因为它极具历史价值和研究价值。当年,在镇江大港烟墩山出土后,曾引起轰动,震惊世人,郭沫若等著名历史学家、考古专家,对此专门作出了考证。西周朝的这位周康王周钊,在位时为公元前1020—公元前996年,于公元前1010年册封周夨为宜侯,从此,镇江便开始了有文字记载的行政建制,也有了以历史为依据、有

镇江·西津渡

文字可考的历史，按公元前 1010 年起镇江开始有行政建制计算，镇江的历史至今已有 3020 多年，因此，镇江的历史"三千年说"，不是假设。

对于镇江的历史，还有一种"两千年说"。此说也并非是无稽之谈。不过，"两千年说"，说的是镇江的城建史。此说，也同样有史可考，有物可证，这"史"，就是《三国志》，这物就是铁瓮城。根据历史记载，三国时期，东吴于公元 195 年建铁瓮城于镇江，开创了镇江的建城史，距今已经 1816 年，这也许就是"两千年说"的起源和依据。三国时，东吴定都镇江，铁瓮城的开筑，成为镇江建城史的一个开端。吴王孙权命大将孙韶接替孙河继续镇守京口。为了依托长江天堑，抗衡曹操南下犯吴，孙权还决定在镇江筑城，选址在北固山的南峰，南北长400 米，东西宽 300 米，该城弯环回复，形如瓮，坚固如铁，故称"铁瓮城"，凭借北固山近海临江，如兔出穴的特殊地形地貌，因山为垒，缘江为境，纵横环绕，顺势开凿，于公元 195 年开始筑城，至公元 208 年竣工，历时 14 载，建成了江南众多古城中独树一帜的铁瓮城，孙权就将东吴城由苏州迁到了镇江。

回顾镇江的建城史，可圈可点，它是镇江悠久历史中的一个熠熠生辉的亮点。自公元 195 年至今的 1800 多年间，以东吴都城铁瓮城为开端的镇江城，在历史的传承中，经过六朝的开拓，唐代的发展，宋代的振兴，明清的兴盛，特别是新中国成立以后，经过半个多世纪的建设和发展，谱写了新的篇章，展现了新的风貌，历史文化名城镇江已跨入了现代城市的行列，并在传承中使现代文明与古代文明交相辉映，成为长江三角洲一颗耀眼的明珠。

扬州·漆艺

打开中国地图，你找到长江和运河形成十字交汇的地方，那就是镇江。具体的位置是，它处于江苏省西南部，长江下游南岸。东接常州，西邻南京，北隔长江与扬州相望。

从东吴建城以来，镇江就是座沿长江布局发展的带状城市，是长江流域典型的滨江山林城市，用宋代大词人陈亮的话说，是"一水横陈，连冈三面"。"一水横陈，连冈三面"，是这座城市最明显的地理特性，滨江山林城市是镇江这个城市典型的自然形态。

（三）扬州

扬州市区位于长江与京杭大运河交汇处，南部濒临长江，与镇江市隔江相望;西部与安徽省滁州市毗邻;西南部与南京市相连;北部与淮阴接壤;东部和盐城市、泰州市毗邻。扬州境内有长江岸线80.5公里,沿岸有邗江、江都、仪征等1区2市;京杭大运河纵穿腹地,由北向南沟通白马湖、宝应湖、高邮湖、邵伯湖等4湖。

扬州一词最早出现于《尚书·禹贡》,大禹分天下为九州,其一就为扬州。其余八州为冀州、兖州、青州、徐州、荆州、豫州、梁州、雍州。这里的扬州并不是一个行政区划,而是指一片广大的自然区域。其范围包括今天的江苏省、安徽省、浙江省、福建省,以及广东省的部分地区。扬州有城,始于二千四百多年前我国历史上的春秋末期,即《左传》载"鲁哀公九年,吴城邗,沟通江淮"的那座"邗城"。这是当时这个地区的统治者吴王夫差,为了北上与齐国争霸,于沟通长江和淮河的同时建筑起来的。

邗城,这座最早的扬州城池,建在今场州市北郊蜀冈之上,城的南沿部分贴近蜀冈南麓的断崖,周长约十华里。城南有两道城垣,外城垣和内城垣之间有濠沟,外城的外侧也有濠沟环绕。这种筑城方法,与江南的越城、奄城有相似之处。这座城池原是为军事目的而筑的,专门供驻扎军队、屯积粮草或督运之用。可称之为军事要塞,但它是扬州建城之始,直到宋以前,它都是扬州城的基本城址。由于它建在由淮河进入长江的交会点上,地理位置的重要性为发展场州的交通,繁荣扬州的经济奠定了扎实的基础。

汉代广陵城的内城是重建于邗城遗址之上的。内城之东为汉代扩筑之城,也就是外城部分,有称之为"东郭城"。和"邗城"一样,汉广陵城也是夯土版筑的城池,汉筑广陵城以来,历经魏、晋、宋、齐、梁、陈直到隋、唐两代,城垣虽有兴废,但广陵城址基本未变。唐代的扬州城连贯蜀冈上下,由两部分组成。座落在蜀冈之上的叫"子城",亦名"牙城",即"衙城"的意思。这是扬州大都督府以下官衙的集中驻地,也是原先隋炀帝的"宫城"所在。"子城"是自吴王夫差筑"邗城"以来,"由春秋迄唐,虽递有兴筑,而未尝易地"的那个部分。座落在"牙城"东南蜀冈下的叫"罗城",亦名"大城",是在平原上增筑起来的民居和工商业云集的区域。两城相接,"联蜀冈上下以为城"。根据考古工作者近年来的实测,座落在蜀冈上下的唐代扬州城是周边不规则形态,周长为12200米,即12.2公里,合华里24里多。东西对径最宽处(即"大城"部分)约为华里6里40余步。

唐末军阀孙儒在被迫放弃扬州的前夕,曾经"悉焚扬州庐舍,驱壮丁及妇女渡江,杀老弱以充食"。在孙儒、扬行密大兴兵祸之余,扬州唐城已是满目疮痍,一片悲惨景象。

后周显德五年(958),韩令坤再度取得南唐之扬州时,城已为吴人所毁。这座"西据蜀冈,北抢雷坡(即雷塘,汉时名雷坡)"的广陵城既已被毁,又因大而难守,所以就在故城东南角另筑新城。这一新城应在唐罗城东半边的范围内,当时称为"周小城"。不久,后周又派李重进守扬州,又对城进行了一次改筑,城周十二里,叫"州城"。

宋代以前的扬州城皆是土城,南宋而后,改为砖砌楼,经久而壮观,是一变革。北宋时期,沿袭后周李重进筑的"州城","州城"是"周小城"向东向南的扩展,向南扩展到今北城河之南的东西一线,不然合不上城周十二里。东边当靠近运河。南宋期间,扬州成了抗金、抗元的淮河前线的后方,时而又成为抗金的前线。建炎元年(1127)朝庭命令江东制置使吕颐浩修缮城池。建炎二年十月,又命浚隍修城,周长二千二百八十丈,这就是把州城在唐"罗城"范围内的土地全部划出城外,再把州城的南沿向南推进靠近运河。东城墙在北一线(东门在古家巷北)向南再转弯向西。西城墙南起今天的砚池,北至长春桥东。这座北边沿高桥柴河,东边和南边沿运河的城,全是用大砖砌造灼,名叫"宋大城"。

元代人袭用"宋大城"。直至元末,宋大城已经很是破烂了。元至正十七年(1357),明兵取得扬州,令金院张德林改筑宋大城的西南隅守之。周长约九里,门五:东门名宁海(门楼名迎晖,后称大东或先春),西门名通泗,南门名安江,北门名镇淮,东南门名小东(门楼名谯楼)。明代扬州府城址,也就是清代扬州府以至民国时代的扬州城址。直到解放后才拆去城垣,200多年前,扬州成为当时世界上拥有50万人口的十大城市之一,达到鼎盛。

悠久的历史积淀,给我们留下了丰富灿烂的历史文化,留下了弥足珍贵的扬州古城13.1平方公里的唐宋城遗址和5.09平方公里的明清古城,使得扬州成为一座历史与文化有机融合的历史文化名城。

春秋·花格残剑格

二、宁镇扬文化特征

宁镇扬的文化,也在历史发展进程中,因地域相连,随着南北交汇、东西交融,而逐步形成了具有共同特征的文化发展地域。

（一）南北的交融，保护了中原文化血脉

从南北来看，中国自然地理的南北分际在秦岭淮河一线，但古代文化区域的划分，学术界习惯上以长江为界分为江北和江南两个大的文化范畴。因此，北方方言区的南界就直抵大江，宁镇扬共有的母语是属于北方的江淮方言，但文化又受南方的影响。从东西来看，历史上形成的"吴头楚尾"之地理概念，恰好又是宁镇扬独特地理位置最为形象而准确的概括。

宁镇扬作为相邻的三个滨江城市，南北文化汇合于此，异质文化的交流碰撞，促进了中华文明的变革和创新。尤其分裂时期北方的政治军事强势越过没有雄关巨堑的淮河与南方对峙，如东晋"永嘉之乱"、唐末安史之乱、南宋靖康之耻等三次大规模的衣冠南渡，中国经济文化重心由中原往东南播迁的第一站就在宁镇扬一带。东晋南朝侨置州郡县反映了南北人口的交融，其滥觞就是元帝太兴三年在南京侨立怀德县，那时镇江是南徐州、扬州是南兖州。宁镇扬三市，尤其是南京多次保护了黄河流域文化的"血脉"，中原文化在此得到延续。同时，北方文化和南方文化，吴文化与楚文化，尚武文化与重文文化互动，形成了一种具有浓郁地方特色的融合文化——江东文化。经过"六朝"时期的深度开发，南方已经成为我国重要的经济中心，政治和文化都呈现新气象。

扬州·小盘谷

隋炀帝利用邗沟开通大运河，实现了黄河、淮河、长江的连接，促进了三大流域经济、文化的发展与交流。作为通衢大道，这里大江连东西，运河贯南北，独特的地理交通条件，造就了南京、镇江、扬州历史文化的开放性。南京因其历史都城的独特政治地位，及与镇江共有的"吴头楚尾"的独特地理位置，经历了多元文化的洗礼，容纳过五方八域的风土人情。从文化样态来审视，宁镇扬板块的文化呈现出"无主调"的兼容涵摄性：一是表现在对内的包容上，二是表现在对外的交流与吸纳上。这里对外来文化始终有一种兼容并蓄的态度和立场，包含了开明、开放的价值取向。

宁镇扬文化不仅是开放包容的，也是百折不挠、积极进取的。由于地处要冲，每当北方游牧民族兵锋南指几乎"亡天下"的时刻，这里就是前线战场。三城都有几度毁灭又几度复兴的历史。早在南朝刘

宋时期,著名文学家鲍照就以一篇《芜城赋》感叹过扬州繁华与凄凉的交替;到了赵宋王朝淳熙年间,姜夔又写下著名的《扬州慢》,抒发《黍离》之悲;更不要说清初"扬州十日"、现代"南京大屠杀"等。但战乱过去,这里的人民抖掉身上的硝烟和灰尘,从废墟中又重建起繁荣兴旺的新家园。

(二)得山水之助,成就了诗意文化空间

文化差别的最初根源在于自然环境。多样性的自然条件和地理环境,形成不同的生活方式与思想观念。强烈的地域差异,使文化具有强烈的地域色彩,这为文化的延续提供稳定的物质基础。建筑文化根植于人居自然环境之中。作为人与自然中介的建筑,像植物一样,落地生根,合天时,合地利,适宜于地区自然环境的要求,与大自然融为一体。在中华民族主要的两条母亲河中,长江自古以来航运便利,直通海洋。如果说黄河文化带有内陆文化的特点,那么长江文化在一定程度上带有海洋文化的特点。宁镇扬三市一母同胞,形成散布在数山一水之间的交通枢纽,为古老中国经济文化中心从中原向东南转移发挥了巨大作用。

镇江·西津渡

南京钟灵毓秀,山水城林。孙中山在《建国方略》中赞美南京:"其位置乃在一美善之地区。其地有高山、有深水、有平原,此三种天工,钟毓一处,在世界中之大都市,诚难觅此佳境也。……南京将来之发达,未可限量也。"南京主城依山、襟江、抱湖,多样的山、水、城、林为南京城市品质的塑造创造了条件,而"山水城林"融为一体的城市特色,更丰富了南京城市品质的内涵。江苏文史研究专家业衍璋先生认为:"来金陵,其最先接目而动心者,则其城阙之巍峨,雉堞之崇峻,是以谈金陵,不可不自其城始。"而城皆倚山取势,跨岗连垄。钟山雄峙于东,盖金陵之镇山,莽莽苍苍。至于富贵山、九华山诸山,皆其余脉,蜿蜒以入城东。石头拔起于西,遥临江渚,孙吴东晋并于是开府,与中原曹元两魏相抗衡。清凉、五台诸山,亦皆枕藉其下,盘亘于西城。雨花台坐镇于南,岗峦连接,郁郁葱葱。而至牛首山、祖堂山诸山,禅宗于此衍派,兵家于此筑垒。南京的山气磅礴,具有"王者气势";南京的山风景秀丽,气象万千。山在城中,水在林中,人在景中,为南京生活品质的提升创造了良好的条件,"春牛首、伙栖霞、夏钟山、冬石头"成为南京游山真实写照。金陵多山,也多水。青溪自东北来,秦淮自西南至,

相汇于城中。而周边诸山之水,多于山前山后潴为湖泊,其中玄武湖、莫愁湖,尤名驰古今,皆烟波浩淼,芰荷接天,亭阁逶迤,花团锦簇。至于白鹭、乌龙、紫霞、燕雀等湖,都星罗城中,尤其是秦淮河和长江两大河流,对南京城市发展具有非常重的作用。秦淮河是一条神奇的河流,历史悠久,源远流长。一水秦淮,蜿蜒曲折,横贯南京腹地,对古城南京的形成与发展起到重要作用,被称为南京的母亲河。秦淮河是南京的母亲河,是南京文化的摇篮。秦淮河对南京来说,是经济命脉、军事防线,也是都市最繁华之地。长江联结中原文化和吴地文化的纽带,南京正是借助了长与秦淮河的水陆之便捷,成了南北文化的交汇地,在中国"正统"的传承中发挥了极其特殊的历史作用。得山水之孕育,是以树木华兹,满城皆绿,此又非其他都邑所可想望。自公元229年三国时期的东吴,经过多年的发展,山水城林浑然一体,丰富、博大的自然、人文景观资源别具一格,近现代更以"绿城"名闻遐迩的江南山水园林城市,不仅在我国绿化史上具有特殊的地位和影响,也造就了南京城市品质的独特内涵,绿色文化已成为南京城市文化特色之一。

镇江三面环岗,一江横陈。在我国沿江的城市中,镇江具有别具山重水复的城市山林的优美景观。陆游的《水调歌头·多景楼》词云:"江左占形胜,最数古徐州。连山如画,佳处缥缈危楼。"陆游登上北固山多景楼,俯瞰全景,不禁发出了江左形胜、江山如画的由衷赞叹。陈亮登上多景楼之后,对镇江的地理形势,则另有一番感慨:"一水横陈,连岗三面,做出争雄厚势。"(《念奴娇·登多景楼》)陈亮又说:"京口连岗三面而大江横陈,江旁极目千里,其势大略如虎之出穴,而非若藏穴之虎。"都充分肯定了镇江这块风水宝地独特的地理形势与重要的战略地位。所谓,"一水横陈",即指紧临镇江城并由西而东浩荡奔流的长江,沿江有金山、北固山、焦山三山鼎立。"连岗三面",即指镇江城内外东、南、西三面皆山。城外是群山环抱,城内是山岗星罗棋布,形成"山在城中,城在山中"的独特风貌。镇江之南,有国家森林公园南山作为自然屏障,茂密的森林、滋润的空气,是镇江市民天然的大氧吧,故有"城市绿肺"之称。镇江之北,依枕长江,沿江之焦山、北固山、金山串成一线,加之城中大小山峰重叠林立,彼此呼应,甚是壮观。城中有古运河与运粮涧蜿蜒其中,山雄水柔,山清水秀,山欢水笑,山水相依。

扬州青山隐隐,绿杨城郭。"青山隐隐水迢迢,秋尽江南草未凋。

镇江·西津渡

二十四桥明月夜,玉人何处教吹箫。"美丽的诗篇,总是给人以
美丽的遐想。"绿杨城郭是扬州",是古人对扬州的赞美;精
致、秀美是扬州的城市特质。五湖四海的宾客一来到扬州,就
能强烈感受到绿色扬州的精致、秀美。"绿杨城郭是扬州",扬
州似乎和杨柳一直有着千丝万缕的关系。的确,"街垂千步
柳,霞映两重城",只要你踏进扬州城,首先扑进眼帘就是那些
仪态万千的杨柳枝。"故人西辞黄鹤楼,烟花三月下扬州。"扬
州的三月,春光明媚,正是柳絮飞扬的时候,漫天的柳絮,如
烟,如雾,如尘,如雪花般轻盈起舞,也就是诗中的"烟花之
时",也就是游览扬州的最佳时刻。杨柳喜阴,爱傍水而居,而
扬州城亦是水多、桥多,于是那一排排杨柳,宛如临水而妆的女子,婀
娜多姿,风情万种。

南京市博物馆藏金饰

　　南京钟灵毓秀,镇江山水形胜,扬州物华天宝,共同体现了宁镇扬
板块的人杰地灵,构建了区域人群的诗意空间。作为处于江河交汇处
的具有典型"江南"地理特征的南京、镇江和扬州,历来以其襟山带水、
形胜独擅的"吴头楚尾"的滨江山林城市之优美风貌而深受世人的青
睐。而世代生息于此的三市人民,由于得江山之助,因此自然也就孕
育成此一方别具风采的人文精神。也正因为此,它以其神奇的山水魅
力,吸引了神州大地四面八方不胜枚举的优秀诗人、词人、小说家、文
学批评家、科学家等游历于此,他们与本地作者一起,把酒临风,开怀
吟诵,热情讴歌这里的山山水水、花花草草。"文章江左家家玉,烟月
扬州树树花",明代江南四大才子之一徐祯卿的这联绝句,把长江下游
这一带的烟月美景、诗情画意淋漓尽致地刻画了出来。宁镇扬都是千
古诗城,徐祯卿的名句还不仅指江北这座古城,与"烟月扬州"互文的
名词是"文章江左",而南京、镇江正是江左诗城。后世扬州也做足了
镇江诸峰的文章,镇江有著名的城市山林,让扬州以"广被丘陵"得名
广陵的一抹蜀冈,它中峰上的平山堂,就借景镇江。镇江山水不只是
借予扬州,更孕育了属于自己的城市诗篇,如王湾《次北固山下》的名
句"潮平两岸阔,风正一帆悬",王昌龄的"一片冰心在玉壶",辛弃疾的
"何处望神州?满眼风光北固楼……"等。

(三)地域的相连,促进了文化发展同源

宁镇扬三地人缘、地缘亲近,南京和镇江间绵延着宁镇低山丘陵,镇江和扬州间隔着一条大约2公里的长江,彼此间的直线距离都在60公里以内。她们所拥有的共同文化就是江淮文化,合南秀北雄为一体,风雅流俗共相生,有一种刚柔相济的人文精神。因此,地域的相连,使得宁镇扬三市人文联系错综交织,造就了宁镇扬的文化同根、民俗同源、发展同脉。

自古以来,"扬州"作为一个文化符号,是富庶繁华的象征。扬州作为一个地名,最早是以九州之一闻名于世的。传说大禹治水划天下为九州,扬州即其一。《尚书·禹贡》称"淮海惟扬州",其地域在淮河以南直至大海,大致相当于今天南京军区所在的东南数省范围。这时扬州的概念当然包括了今天的宁、镇、扬,远远不是作为一个城市的扬州所能涵盖的。作为城市名称,我们今天的省城南京也叫过扬州,而现在扬州城是隋文帝九年(589年)在这里设置扬州总管府才与这个地名结缘,但直到唐高祖武德八年(625年),将扬州治所从丹阳(南京)移到江北,才享有扬州的专名。但是,不管历代行政区划和地名怎么演变,古代扬州所代表的江淮文化是我们共同的根!至今,南京、镇江、扬州,都属于江淮方言区。南京、镇江虽地处江南,地域人文传统却在吴语区之外;而扬州尽管地处江北,历代却称其为江南———那是文化意义上的江南。宁镇扬三市不仅距离最近,而且文化同根、发展同脉。

这样的地名纠缠,使人们在阅读古籍时往往把南京、扬州两地弄混。比如"腰缠十万贯,骑鹤下扬州"常常被人们用来形容扬州昔日的繁华富庶,殊不知此扬州非彼扬州,这则出自南朝宋人殷芸《小说》的典故说的是南京。再比如朱敦儒词作《朝中措》:"登临何处自销忧,直北看扬州。朱雀桥边晚市,石头城下新秋。昔人何在,悲凉故国,寂寞潮头。个是一场春梦,长江不住东流。"也是歌咏南京的名篇,却常常被人当扬州解,扬州哪里来的朱雀桥、石头城呢?"十年一觉扬州梦,赢得青楼薄幸名"的杜牧,在《泊秦淮》咏叹:"烟笼寒水月笼沙,夜泊秦淮近酒家。商女不知亡国恨,隔江犹唱后庭花。"商女而"隔江",诗咏南京,却出现扬州的莺莺燕燕,不仅反映了作者在扬州长期生活的经验,也与扬州"千家养女先教曲,十里栽花算种田"的传统有关,再次佐证了南京扬州的密切关系。

由于靠得太近,南京镇江也在不同时期分享同一个地名:"丹阳"。西晋太康二年(281年),丹阳郡治迁至建邺,所以两晋时期,南京又有丹阳的别称。隋平陈以后,实行抑制江南地方势力的政策,废丹阳郡。但后世名为丹阳的县级地区自宋元、明清一至于今,一直隶属镇江。镇江本身也有丹阳的别称。而隋唐之间,宁镇扬三地的相互隶属关系更是一度犬牙交错、错综复杂。隋开皇年间镇江一度改为"润州",但终隋之世,镇江仍为一县,归江北的江都郡(扬州)管辖(此时今镇江丹阳县却隶属于毗陵,即今常州市)。唐初,置润州,下辖丹阳、句容、白下(今南京)等县。由于隋平陈后彻底摧毁南京城,造成了镇江管辖南京的奇事。其中天宝年间镇江一度改为"丹阳郡",但很快又恢复"润州"之称。

三、文化引领下的宁镇扬

"宁镇扬"这一概念并不是新近出现的,长江三角洲存在着宁镇扬、苏锡常、杭绍甬等具有不同经济发展特征的区域板块,这是长期以来为大多数专家学者所公认。早在20世纪80年代,三地旅游企业便利用宁镇扬区域在交通便利性、景点吸引力、旅游文化内涵上所存在的共性,积极探索和尝试旅游接待等相关业务合作。2005年底,三市签订了"宁镇扬金三角旅游区域联合合作意向书",通过统一推介、共搭平台、共享客源等方式开展了形式多样、内容丰富的联合宣传促销活动,在国际国内市场上打出了极具个性、引人关注的金三角品牌,取得了明显效果,标志着宁镇扬板块旅游合作已经从市场自发到有组织到制度化。2006年,江苏省十一次党代会就作出了构建南京(宁)、镇江(镇)、扬州(扬)地区经济板块的战略。2010年5月,三市共同签署了同城化合作框架协议,同时伴随着宁、镇、扬同城化战略的初步实施。2011年,江苏省第十二次党代会又进一步提出了推进宁镇扬"同城化"的部署。在共同推动经济发展的同时,不能忽视这三个建城历史都在千年以上的古都所蕴藏的历史文化遗存,要注重利用共同的文化引领板块共同发展。

南京·城东

（一）文化是宁镇扬同城发展的纽带

在市场经济下，市场在资源配置中起着基础性作用，资源和人总是流那些市场因素更活跃的地方。但文化对一个地区发展进程的影响，比经济和政治的影响更深刻、更久远。如果说，经济发展改变的是一个国家或地区的面貌，那么文化繁荣则可以化育一个民族的风骨。在转型发展的时期，支撑区域经济发展的是一系列与市场经济发展要求相适应的制度安排、激励机制和创新精神，而不仅仅是位置优越、资源丰富。鼓励竞争、推崇合作的文化，鼓励创新、容忍失败的制度安排，往往对各种资源具有巨大的吸引力，从而能够实现快速发展。宁镇扬三市共同的文化底蕴，对今天三市人的价值观念、生活方式和发展道路都具有深刻的影响。

充分挖掘三市传统文化资源，保存历史记忆，洞悉历史规律，衔接时代精神，整合出善于创造的文化机制和市民精神，提炼民族文化历史的精华，才能鉴古知今、熔古铸今，增强民族自信心和凝聚力，开辟新的未来，从而化三市各自的区位、资源优势为发展优势。可见，市场经济下的区域优势在于这个地区具有充满活力的机制和文化，能够不断产生和造就千千万万具有创新精神的企业家。宁镇扬自古就是商业发达、富庶繁华的都市性区域，徽商、晋商等纷纷来这里创业，商业精神渗透到包括艺术领域在内的社会生活各个领域；宁镇扬三市文化同根、民俗同源、发展同脉，她们之间的合作比任何合作伙伴更容易沟通和信任，共同的文化背景降低她们的经济社会和文化的融合的障碍，这正是我们今天塑造区域优势的基础。

（二）以文化促进宁镇扬的协调发展

立足宁镇扬共同的文化基础，以文化引领宁镇扬同城化发展，将对江苏省打造新的区域增长点具有重要影响。

1. 历史文化创造特色

近年来，当我们仿照西方建筑形式塑造城市现代化形象时，西方一些城市又开始了彰显自己历史文化特色的城市复兴运动。凸显文化个性，注重城市特色塑造，成为许多城市在经济全球化中赢得竞争优势的重要方略，其中历史文化资源作为不可复制的稀缺资源，正受到世界各国越来越多的重视和关注。特别是发展到今天,面对日益加剧的城市竞争,国内外一些单纯追求经济发展的城市又重新重视城市的历史文化在城市竞争中的作用,城市竞争迎来了文化经济竞争的崭新时代。

凸现宁镇扬板块文化型区域特色,以共同打造世界历史文化名城品牌为核心,以培养国内外知名的旅游胜地为目标,将板块内体现南京金陵文化、镇江京口文化和扬州广陵文化的人文景观等资源与三地的自然景观资源进行联动开发和整体营销,形成人文景观与自然景观的整合放大效应,将景点的游览与地方特色文化的欣赏相结合,以听觉、视觉和味觉的综合欣赏重塑城市新形象。根据文脉主义发展要求,对传统文脉的继承应该更多地反映其内涵精神而非外部形式的摹仿,文脉延续不全在形式上,更多是在内涵神韵上,宁镇扬城市新形象的塑造也是以城市文脉延续为基础的。

首先,在保护文化遗存的基础上,发掘其历史文化内涵,并赋予古城以新的历史文化内涵,使得城市文化得以源远流长、脉承不断。

其次,要保护古城传统的民族特色。不仅要维护城市古文物等物质要素,还要注重保护那些具有浓郁地方民俗特色的地区和典型环境,如秦淮文化、京口文化、运河文化,并加以升华。

南京·城东

第三,结合古城改造,培育民俗文化特色街区,展示生活习俗,发展精美的手工艺产品、传统风味小吃、旅游纪念品等特色旅游产品,形成历史街区新的景观,以适应城市旅游事业发展的需要,让古老的历史街区焕发出新的活力,为现代化城市经济服务。

第四,注意不能一味仿古。文脉本身意味着不断发展的脉络,停止发展无异于切断文脉。对古城可以建设一部分仿古建筑,以进一步展现古城特色,但不能一味仿古,特别一些历史街区的建设,更要从三地古城特色出发,在遵循传统的基础,要反应时代特色,避免时代特征的丢失。

2. 科教文化促进创新

宁镇扬具有的人文科教优势十分突出,宁镇扬三市都是国务院首批公布的历史文化名城,科教文化事业居全国领先水平,雄厚的科研力量,是该区域傲人的资本。仅在南京地区,就共有各类高校 70 余所,其中普通高校有 53 所,"211 工程"高校达 8 所。2009 年在校学生

南京·梅花谷

77.34 万（含研究生 8 万人），两院院士 81 人，其中中科院院院士 48 人，工程院院士 33 人。国家重点实验室 18 家，省级重点实验室 30 家；国家级工程技术研究中心 13 个，省级工程技术研究中心 96 家；独立研发机构 106 家，其中部属研发机构 29 家，省属研发机构 52 家。

当前，在以人才、科技、教育和创新为主要特征的第三次机遇面前，我们应当全面聚焦人才、教育、科技、创新，依靠科技进步、高素质人才资源和管理创新，大力发展新兴产业，推动增长从投资驱动向创新驱动转变，要素支撑从物质资源为主向人力资源为主转变，提高科技人才对经济发展的贡献率。宁镇扬三市尽管各自的综合实力与苏锡常相比较弱，难以单独承载上海的发展辐射，但是宁镇扬也有自身的独特优势，在人文环境、人才优势方面，在发展空间、发展余地方面，具有其他区域不可比的优势。宁镇扬还拥有苏北、安徽及长江上中游地区广袤的资源腹地，顺应潮流，借鉴经验，打造宁镇扬板块，促进社会经济文化一体化，上得天时，坐拥地利，内享人和，正当其时。在板块内部，要立足各市特色，协调合作，错位发展。融合南京"博爱之都"的沧桑、镇江"城市山林"的雄奇、扬州"淮左名郡"的秀雅，充分利用三市教育、文化、人文优势，加快人才培训，将宁镇扬打造成服务于长三角制造业的人才基地，提升其文化、科教竞争力。

3. 生态文化引领转型

生态文化就是从人统治自然的文化过渡到人与自然和谐的文化。这是人的价值观念根本的转变，这种转变解决了人类中心主义价值取向过渡到人与自然和谐发展的价值取向。生态文化重要的特点在于用生态学的基本观点去观察现实事物，解释现实社会，处理现实问题，运用科学的态度去认识生态学的研究途径和基本观点，建立科学的生态思维理论。通过认识和实践，形成经济学和生态学相结合的生态化理论。生态化理论的形成，使人们在现实生活中逐步增加生态保护的色彩。

宁镇扬板块生态环境优良，低山丘陵连绵起伏，江河湖泊纵横交错，山水林园浑然天成，生物种类丰富多样。以实现自然生态化、经济生态化、文化生态化和社会生态化为目标，建立景观特色鲜明的绿色生态支持体系，可持续利用的生态资源承载体系，布局合理的生态城镇体系、低耗高效的生态产业体系、文明和谐的生态文化体系、舒适安定的生态人居环境体系，使城市生活质量和总体环境质量达到国内领先水平，将宁镇扬三市建设成为自然禀赋与历史文化相互融合、"山、水、城、林"交相辉映的现代化滨江型"生态城市"。

首先,改变独善其身的环保思想,树立"自己的利益是建立在他人利益基础之上"的意识,在互利互信基础上合作,实现区域整体的环境利益。将三市彼此间的"外部性"环境问题内部化,各地的环保战略才能够得以有效实施,环境目标才能得以实现。

其次,维护和强化板块内整体山水格局的连续性,提高生态服务功能。通过建立以林地为主体的生态廊道,实施湿地保护、平原绿化、防护林体系建设计划,实现板块内的各类绿地有机组合,形成有助于改善环境的生态网络。

再次,建立区域环境合作平台,共同研究处理区域环境问题,联手加强区域污染防治和生态保护,有利于推动区域产业结构的调整和经济增长方式的转变;有利于提高区域环境保护的整体水平,进一步改善区域生态环境状况,实现人与自然和谐发展;有利于构建优势互补、资源共享的互利共赢格局,提高区域经济整体竞争力,实现区域环境与经济社会全面、协调、可持续发展,推动城市发展转型。

南京·城东

第五章　案例项目规划建设实践

　　文化同根、民俗同源、发展同脉的宁镇扬，其文化博大精深。挖掘三市传统文化资源，提炼民族文化历史的精华，利用宁镇扬充满活力的机制和文化，加强区域沟通和信任，将会培养共同的特色优势，实现区域协调发展。而宁镇扬地区建筑文化是其文化的重要组成部分，以建筑来传承和再造城市文化基因，对促进宁镇扬地区的文化发展具有重要意义。南京明城汇、扬州小盘谷及三间院、镇江西津渡的规划建设实践，正是对宁镇扬文化进行深入探索和思考的结果。

一、南京明城汇

（一）明城汇项目规划建设背景

　　解放后特别是改革开放后，南京得到了飞速的发展。作为长三角经济圈的主要大都市，全球化、区域一体化等思想带动了南京前进的步伐，高节奏的生活，繁忙的交通，高楼林立，使南京不可避免地陷入了大多数城市开发中的困境，于是人们渐渐感觉到南京千年古都的气息越来越淡，终于这一切弊病在南京老城南地区的改造事件中爆发。

　　1. 南京老城改造中的困惑

　　老城南是南京历史最悠久的传统旧城区，是南京的发源地，因民国以后在新街口以北发展新市区而被称为"老城南"。老城南依傍秦淮河而生，同秦淮河一起走过了千年的岁月，它们都是南京历史的见证者，是南京文化的积淀。老城南的街道以江南穿堂式民居为主，"青砖小瓦马头墙，回廊挂落花格窗"是它的特色。南唐的街巷、宋代的古井、明清的建筑和石板路……老城南是一本阅不尽的历史书。除此之外，南京的方言、云锦、白局、灯会、盐水鸭等传统民俗和非物质文化遗

南京·明城汇

产也都发源于此。

但是,这片承载着秦淮遗风的城池并未得到善待。据资料记载,老城南的改造工作从上个世纪80年代就开始了,至今已经历时近30年。1984年,南京市政府开始对旧城进行部分改造,重建了夫子庙、学宫和贡院,修复了秦淮河两岸河厅河房。至1990年代初,夫子庙为中心的秦淮河风光带(东5华里)建成,但因被指"假古董"而饱受争议。1992年,为了缓解交通压力,南京市政府从城南保护街区中打通中山南路延伸线,老街区被接连拆除的序幕由此拉开。1993年,为迎接"第三届全国城市运动会",将中华路(南唐御街)两侧历史建筑全部拆除,为在五台山体育馆前拓宽道路,将市级文物永庆寺拆除。1995年,城南金沙井、百花巷传统民居保护区被破坏,明代状元焦竑故居、明代大学士程国祥故居、清代方苞教忠祠、太平天国铜作坊建筑、民国总统府照壁等大批文物保护单位被拆毁。2002年,提出"建新城,保老城",制定了《历史文化名城保护规划》和《老城保护与更新规划》。至此,据规划部门统计,90%的老城已被改造。2003年"老城改造"中,城北最后一块明清古街区邓府巷被拆除,此后,城北地区的明清街区已完全消失。2006年成立"双拆"(拆除违法建筑、拆迁危破房屋)指挥部,颜料坊、安品街、船板巷、门东的多片历史街区被拆除。2008年成立危旧房片区改造,又对老城保护与更新造成了一定的影响。

南京·城南

在老城南一点点被蚕食的过程里,引起了多位专家学者的关注,于是国内的知名专家学者先后三次发出保护南京老城南的疾呼,批判之前"镶牙式"的保护,终于起了成效,政府和专家开始寻求一种更有利的保护形式。在最新版南京历史文化名城保护规划里,城南、明故宫、鼓楼—清凉门被划为南京老城重点保护的三大历史城区,并明确"不得大拆大建、避免资金就地平衡",实行专家领衔制,接受社会监督。

于是在这个背景下南京的历史文化保护得到了相当大的重视,可同时我们不能忽视城市经济发展的需求,所以我们不能够激进地、死板地保留这些历史文化、历史建筑的原貌,我们需要渐进保护与更新,同时保持文化发展的持续性。

2. 明城墙的整治十分迫切

明城墙始建于公元1366年,在钟灵毓秀的南京山水之间蜿蜒盘桓达33.676公里,历经600多年沧桑,现保存21.35公里。自1982年明城墙公布为南京市文物保护单位以来,南京抢修、维护了多段,使

南京·城南

得城墙及其周边环境有了很大的改观。由于城墙的管理及保护相对滞后,到 2005 年,有损于墙体及破坏城墙周边景观的现象仍在继续发生,给本已繁重的城墙维护工作增添了更多困难,特别是解放门至玄武门段,面临的问题仍十分严峻。这段长约 1200 米的城墙曾在 1996年进行过维修,虽然墙体表面基本较好,但墙体仍存在很多安全隐患。而且由于周边很多破旧平房,使得城墙内侧的环境与紧临的台城相比显得很不协调。

当时,紧靠城墙的建筑大量存在,严重影响城墙景观。在距离城墙 15 米范围内,共有各种建筑 11105 平方米,房屋距离城墙近,建造年代久、质量差,严重影响城墙景观,其中共有违章建筑 5265 平方米。有些紧挨城墙的违章搭建高度几乎与城墙平齐,居民从违章建筑登城如履平地,给管理工作带来极大难度。此处部分低矮住房是"文革"后下放户返城后搭建的,由于当时管理上的问题,致使违章建筑大量出现。违章建筑不仅影响城墙周边景观,而且由于其市政设施的不完善,导致污水乱排,直接造成城墙内侧长期积水,垃圾乱丢,形成环境的脏乱差。

南京明城墙设计思想独特,建造工艺精湛,规模恢弘雄壮,不仅是我市古代文化的经典,也是我国古代军事防御设施、城垣建造技术集大成之作,无论历史价值、观赏价值、考古价值以及建筑设计、规模、功能等诸方面,国内外其他城墙都无法与之比拟。这段城墙不仅近临湖南路,紧靠玄武湖,而且直接与我市城墙的精华和窗口段——台城相连,当时,每年到台城参观旅游的人数达 20 多万人次左右,而从台城花园登城处向北 100 米左右,就可见到该城墙内的脏、乱现象,城墙的改造十分迫切。

(二)明城汇项目建设实践

"明城汇"创意休闲街区位于十朝古都南京的台城,是一德集团实施的明城墙综合整治重点工程,也是南京整体规划、利用文化旅游资源开发的公园创意文化街区。以历史文化积淀最深厚的明城墙、鸡鸣寺、玄武湖为背景,将历史人文、自然生态、悠闲特性融为一体,为国际文化交流与城市精英聚会创造"凭吊古都人文"、"怀舒流金岁月"的休闲空间。"明城汇"创意休闲街区占地面积 12 万平方米,建筑面积约7 万平米,分三期工程开发,将建成以若干主题创意企业为主,集餐

南京·明城汇

72

饮、休闲、娱乐、特色产品展示及主题酒店为一体的高品位休闲街区。打造这样一个城墙根下的休闲胜地,也就是打造一个栖息心灵的第三空间。

明城汇建筑特色鲜明,建筑方式并不统一,有现代风格、民国风格和仿古风格等,体现南京古都的一种历史传承感,通过建筑的时间序列让到此的游客仿佛回到不同的历史时空中。同时也通过建筑的风格体现南京城建筑文化的积淀,并引入现代设计元素,让游客感受"古与今"、"新与旧"、"中与外"的交融。同时为了配合明城墙这一景观主题,建筑多采用青砖灰瓦方式,在风貌协调的基础上又不失创新。

景观特色上,明城汇大量采用木质、石质装饰素材,结合大量的绿化,形成了古朴自然地装饰风格。同时大量使用石刻、浮雕作为界面装饰,既增添其文化气息,同时也与古城墙保持风貌一致性。名人书法碑林有效提高了街区文化特色,很好地契合"明城墙风光带"的景观特色,观景台对于促进街区和城墙、湖景相互融合,起到了良好的作用。

明城汇不单单是作为一个商业地产开发的项目,其更重要的是作为南京历史文化保护的一个案例,其示范意义在"明城墙风光带"建设的过程中起的作用不容忽视。明城汇背依历史文化遗产——明城墙,坐拥玄武湖、九华山湖光山色,毗邻鸡鸣寺、北极阁,环境幽静、雅致,集"山、水、城、林"于一体,是南京休闲、旅游、商务、居住人群交汇的核心区域,集中体现了南京的山水园林文化。

南京·明城汇

二、扬州小盘谷、三间院

（一）项目建设背景

举世闻名的京杭大运河,是世界上开凿时间最早、流程最长的一条人工运河。它起源于公元前486年吴王夫差在扬州所开凿的邗沟,北起北京,南达杭州,"沟通了钱塘江、长江、淮河、黄河、海河五大水系"。

京杭大运河流经扬州市境内的航段称"古运河",作为京杭大运河

扬州·小盘谷

扬州·小盘谷

最早开凿的区段,迄今已有近 2500 年的历史。大运河的开凿与贯通,给扬州营造了新的自然环境、生态环境、生产环境和文化环境,极大地促进了整个运河区域社会经济的发展。运河使扬州有了作为盐运通道和盐运集散地的历史功能,成就了唐代扬州的"富庶甲天下"。明清时期,运河沿岸"车马少于船"的盛况,将 19 世纪初的扬州打造为世界上 10 个拥有 50 万以上居民的城市之一,其繁华堪比今天的上海。然而,清朝末年,扬州不仅无法承受清政府废除在扬州盐专卖制的沉重打击,运河的淤塞更使扬州完全丧失了地理优势,相较周边的无锡、苏州、常州、南通等城市,近代的扬州逐渐落伍了,被甩出了现代化的轨道。

与其他历史文化名城一样,扬州的历史文化遗产在现代化的进程中同样面临协调保护与发展的矛盾。如何充分发挥古运河的作用,以运河文化为核心,在保护老城的基础建设好新区,实现老城保护与新区建设同步发展,是扬州发展的关键之所在。扬州以"运河名城"的品牌效应、运河的文化精神,实施了"运河战略",建设"人文扬州"、"生态扬州"、"数字扬州"。位于老城的小盘谷和地处广陵新城的三间院,正是在这种情况下,在充分挖掘中国传统文化与扬州地域文化的基础上,实施了项目的开发和建设。

(二) 小盘谷——时空穿越

小盘谷位于扬州市丁家湾大树巷内。小盘谷始建于清乾隆嘉庆年间,光绪三十年(公元 1904 年)两江总督周馥购于徐姓人家后改建为私人宅院,后由其婿居住;民国初整修为钱庄;解放后由部队接管作为学员宿舍,当时占地仍有 5700 余平方米,房屋 66 间;1958 年政府接管设茶叶公司和茶叶加工厂;1973 年改为政府招待所,复建了桂花楼,后又加建西北角的四层建筑;2000 年由房管局接管作为办公用房,西侧住宅仍作为招待所使用。因为园内假山峰危路险,苍岩探水,溪谷幽深,石径盘旋,故名小盘谷。

小盘谷与个园、何园相比,其占地很小,建筑物和山石也不多,但妙在集中紧凑,以少胜多,因小见大;水池、山石和亭台楼阁之间,或幽深,或开朗,或高峻,或低平;对比鲜明,节奏多变,在有限的空间里,因地制宜,随形造景,产生深山大泽的气势,咫尺天涯,耐人寻味。小盘谷的名气虽大,然而喜爱园林的人却很难寻其芳踪。这座私家宅院与

扬州·小盘谷

园林深藏在扬州古城的曲折小巷中,在近几十年可以说是历经坎坷。

进入新世纪,扬州市政府对历史文化遗产和传统建筑的保护力度加大,陆续修复了古城内双东历史文化保护区、吴道台府、汪鲁门、琼花观、汪氏小筑等一大批历史建筑,小盘谷也进行了搬迁和初步整治。

2006 年小盘谷被国务院批准列为第六批全国重点文物保护单位;2008 年,政府与扬州泰达公司签订协议,开始进行由企业介入古城保护与运营的实践;2009 年 9 月小盘谷园林部分修缮完成;2010 年 9 月宅院修缮装修与新建会所酒店完成并正式开放使用,小盘谷在百年后再度迎来辉煌。

1. 设计理念

小盘谷是一个华贵中释放着安静的氛围,低调中处处潜伏着饱满起伏情绪的历史文化空间。规划将新空间充满古典与时尚交融的艺术感,赋予旧空间新内涵,焕发古城扬州新的生机。小盘谷将作为扬州新辟的"古巷游"中的精彩一景,让广大中外游客一饱眼福,成为南河下乃至扬州的亮点标志,以小盘谷为起点,带动南河下及周边片区的城市复兴。在设计时采用以下理念:

(1) 时间穿越。以"扬州一日,梦已千年"时空穿越的主题。在设计中以小盘谷这个具有深厚文化积蕴的扬州园林为依托,让人置身园林中感受扬州千年文化,而后进入会所休息,慢慢品味园中所得,让文化在心中沉淀。具体来说,做到以下几个方面相结合:传统园林与现代园林的结合;传统建筑与现代建筑的结合;传统工艺与现代工艺的结合;传统装饰与现代装饰的结合;传统生活空间与现代生活空间的结合,从而使传统与现代交相辉映。

(2) 中西结合。建筑大师安德鲁提出:"在一个全新的时代,用现代科学去重复旧有的建筑是没有意义的,这种行为只会阻碍发展,而我们渴望保护的文化也会因此失去生命力。"其实传统本身就非一成不变,传统是活的东西。在历史的进程中,传统和新的或者外来的事物相遇而产生碰撞,碰撞中吸纳新的成分加入引起传统的重组、更新和变异。因此,在小盘谷设计中通过在布局形制、装饰选择等方面中西结合,运用不同的文化环境,去创造出一种全新的环境,给人一种全新的体验。

(3) 节能环保。以严谨的态度对待文物保护建筑和历史街区,利用有创造性的方法和技术手段对改建部分进行规划,利用对比和发展的理念,更有力地展示文物建筑的历史底蕴和城市现代化发展的印

扬州·小盘谷

记。两者相互映衬,更有代表性地展示古城新韵。建筑原材料利用原有的废弃古砖修复,达到资源、能源的节约利用;房屋结构注重保温、隔热的设计,采用双层玻璃窗;新建建筑部分所用砖为加气砖,中间为空心,既节省了原材料,又达到了保温隔热的目的;室内采用低温地板辐射采暖,室内供暖均匀,能耗低。

2. 设计原则

(1)历史遗产保护:良好的文化遗产保护能够使重要的历史建筑在现代生活中能够继续发挥效用,往往很多历史街区的城市设计就是为了达到这个目的。

(2)提升空间品质:设计超越现有标准,在尊重原有园林肌理的同时积极在新与旧,中与外之间创造新的关联。

(3)满足城市与居民生活:通过园林的对外开放,使历史资源发挥核心作用,促进公共活动的开展,同时设计使文化遗产在城市改造中扮演积极的角色,并不是简单地、死板地保留原有园林形制,给居民更多的预想空间。

(4)城市的空间整合:整合不同地块,注重使城市突出地显示出高水准的文化品质,形成有意义的新城市文脉。

(5)历史文化的挖掘:在对小盘谷保护性修复的同时,深入挖掘古建筑、古空间的历史文化内涵,融入现代科技手段,加强对历史文化的表达。

(6)赋予旧空间新的文化内涵:对于旧空间,在深入挖掘其自身历史文化内涵的同时,尝试赋予原有空间新的功能和文化内涵,使其重新焕发人文生机。

(7)古文化与新文明的融合。新建建筑部分融合多种中国传统民间工艺,使其非物质文化遗产得到传承及保护,如砖雕、玉雕、漆雕、木雕、通草花等。为使其符合现代人的使用习惯和生活方式,设计过程中又应用多种科技手段。

3. 设计手法

(1)格局。小盘谷位于扬州古城东南南河下历史文化保护区,临近何园。其范围南起大树巷,北至丁家湾,东西均与民居相邻,占地面积约为 3650 m²。小盘谷总体分为三部分:西部为三进平房宅院;中部为厅堂,分为过厅、主厅和后楼;厅堂两侧用火巷分隔,东侧火巷以东即园林部分。园林又分东西,走进上书"小盘谷"的园门,即为西园。园中有湖山颓石,旧名为"九狮图山",因其山石外形如群狮探鱼而得

扬州·小盘谷

76

名。山下有洞,洞出西口,有池水一泓,池上架石梁三折。池西水阁凉厅,三面临水,山洞北口,临水设石阶,石上嵌"水流云在"。东西花园以走廊和花墙分隔,墙南一桃门,上题"丛翠",进桃门为东园,园南有凉厅三间。整个园林是以小见大之手法中最杰出者。住宅北侧,是文保的控制范围,房管局曾经修建了一座四层小楼作为招待所,高度、体量、风貌都对传统园林建筑有极大的影响,因此对其拆除重建。

(2)立意。如何将小盘谷的魅力原真展现,同时又使得传统建筑达到最大限度地使用,经过反复研究,以"扬州一日,梦已千年"时空穿越的主题,营造出现代园林会所的保护、改造和经营模式。在厅堂中展览,在园林中游赏休憩,在宅院中居住,另外在西北侧增加一座两层的小建筑作为会所酒店的配套功能。

(3)设计。由于小盘谷是全国重点文物保护单位,在文物的范围内严格按照文物保护法的相关要求,在扬州市政府、文物局的大力支持下,将园林与宅院根据传统记载进行修复,并于 2009 年 9 月完成,重现了"丛翠问茶"、"曲尺观山"、"桂花望月"、"桐韵修心"的精致园林景致(分别为丛翠馆、曲尺厅、桂花楼、桐韵山房四组园林建筑)。在中轴线的厅堂部分,从大门、序厅、中堂到藏书楼,展现了周馥的生平事迹,大堂的匾额为当年慈禧太后御赐"风清南服"。西侧的住宅部分和北侧的改建建筑一起成为会所,将传统院落住宅和现代生活方式结合,创造出"一眼千年"的时空交错感觉。新建部分建筑面积约为 1670 m²,地上二层 1260 m²,地下局部一层 410 m²:首层为会所酒店的入口、大堂及休息区、画廊、餐厅(仅为 1 个包间);二层为 5 间客房(4 个标准大床房,1 间套房)及水池庭院、水榭、小戏台;地下室为设备用房、厨房等。三座保留下来的宅院由于房间进深较小,庭院较大,都在功能上作了调整:第一进院"听竹"为 spa;第二进院"观鱼"、第三进院"问松"为两处不同风格的套房。

(4)层次感。丛翠馆总面积约 70 m²,分隔东西花园的南墙上所提"丛翠"即为"丛翠馆"之名的由来;南面有一清池,北看整个东花园;整个建筑呈东西向长形,从视觉上显得室内进深很浅。作为古建筑的功能置换,设计切入点是通过"屏"来达到视觉上的断隔与空间组织,用布帘与照明增加室内视觉的层次感。为保证室内空调及白天的自然采光,选择将建筑南面连廊用中空钢化玻璃封闭,另设感应门,原建筑门常开,作为整个装饰设计的第一道"屏"。室内主体为传统茶席,设专门的茶道表演;东侧为带水池的吧台,西侧则是作为休息等待的

扬州·小盘谷

扬州·小盘谷

区域。这一系列主要功能被一个传统木格屏风的随意拼接三面包围，银箔的使用则赋予了这种木格现代质感：这是第二道"屏"。室内选用了一款湖绿色的工艺布帘，与门前池水相应；布帘与木格之间的地灯与梁上射灯相应，形成了第三道虚化的"屏"，这道"屏"在进门的黑色镜面不锈钢与钢化玻璃上反射出了另一道虚化的"屏"，两者交相呼应。通过三道"屏"的隔断和光的反射，使室内进深得到加深，并丰富了层次感，从而在保护传统建筑的基础上达到室内功能与使用的需要。

（5）心得。小盘谷酒店设计历经两年，加上一年的精心施工，终于取得了较为满意的结果。不仅为扬州市政府在未来历史建筑保护、利用方面提供了有益的尝试，而且也总结了一些经验，为今后的同类型项目积累了工作方法。这个过程中最重要的一点心得是怀着对历史文化遗产的尊重，最大限度保护了历史痕迹，同时在新的设计中并不一味仿古，而是找出传统与现代的结合点。

小盘谷的成功保护与开发，得到了广泛的认可和赞誉，对我国文化保护与开发的协调发展，提供了具有重要现实意义的可供借鉴样本。

（三）三间院——都市中的村庄

悠悠千年的扬州古城，随着近年来经济的告诉发展，其城市边界已跨越京杭大运河，逐渐扩张至周围零散的村落。园林文化作为扬州历史文化重要组成部分之一，设计一座现代理念技术与历史文化传承交汇的园林显得自然而然。三间院地处扬州经济新区广陵新城，与扬州古城隔河相望。其功能被定义为餐饮会所，同时也类似于新区的先期开发区域及周边村落的社区服务中心。三间院坐落在扬州京杭大运河畔，快速发展的都市化进程使得这一城市近郊很快成了城乡结合部。基地的西侧紧邻广陵新城刚刚建成的呼叫中心产业区，东边村庄农舍仍然不时升起炊烟。

1. 设计理念

（1）中国式院落的创新表达，中西文化的融合。院落形制和民居的原形再现是建筑师一直以来非常有兴趣探索和发展的类型，三间院的形态理念来自两方面的启示，一是蒙古草原连续坡顶的小客栈，它以简单的建造逻辑和最节省的材料直截了当地形成群组，再就是江南

78

新民居的轮廓和院落。三间院的设计是直接明了地运用河泥砖来完成结构和外表面的肌理,刻上时间的痕迹。

(2)城市精英的田园梦想。城市需要文化和精神,一座新城更需要亮点,需要魅力。为了实现城市精英的田园梦想,构想了一个中国特色的城郊小院——三间院。依水而建,因水灵动,鸟鸣虫啾,影影绰绰,进而繁华俱在,不怠功业;退而山水清明,怡然忘忧。由此一个丰富多彩的城郊文化会所应运而生,成为运河边新的文化传奇。

2. 设计原则

(1)本土资源的利用。通过合理的利用当地劳动资源以及原材料,达到降低能耗的目的。

(2)材料自身肌理的利用。院落外墙设计独具特色,应用原材料自身特有质感,使建筑本身焕发其独特魅力,同时节省了外墙涂料,达到节省能源资源的目的。

(3)低碳环保资源的利用。大量应用快生资源——竹景观植物的选择、建筑结构的搭建、室内家具、装饰材料等。

(4)自然资源水的利用。整个院落四周被水围合,既增加观赏性,又达到冬暖夏凉,降低能耗的目的。

(5)院落特色格局利于室内空间采光,依景而建,利用当地的生态环境。

3. 设计手法

三间院由水院、石院、竹院三个独立的院落组成,而水、石、竹(植物)同时也是中国园林三个基本的空间构成要素。对于基地的梳理采用了传统的营造方式,即用围墙围合出院子。整间院子由一些相对独立的功能单元聚合而成。双坡顶的单元空间重复组合形成了小小村落中的建筑,而平顶的游廊作为连接的动线串联起各个使用空间和庭院。而环绕包裹这一微观都市的外部界面只有少量的大窗,其余大部分为实墙面,内部空间完全开向院子,形成极具向心性的内聚院落。在整个聚落的营造中,砖是重要的构筑材料,而墙又是围合的重要手段。在三间院中出现了三种表达不同含义的以编织砖为肌理的墙面,每一种墙面都对应着三种不同的使用空间:山墙面以倾斜45°的立砌与顺砌相交叠砌筑,目的是为了避免室外对就餐空间的视线干扰而同时又可以采光;檐口面是以90°的立砌与顺砌相交叠砌筑,目的为了使其作为墙面的端部和转折面,编织肌理的背后为密实的墙面并不能采光;而院子的围墙为一顺两丁相交叠砌筑,其目的是为了使围墙的空

扬州·三间院

扬州·三间院

洞率达到最大,鼓励视觉上的交流,也把院子的小环境引到外部,同时也使外面的场景渗透到内部称为环境背景。最终整个聚落以中国最为传统的黏土砖和当地传统技艺编织出精致而细微的表皮。

水、竹、石三院的设计中,水倒印了竹,竹点缀了石,石衬托着水,独立私密的包厢了了十几间,浸透着明显的人文气质,院落朴素、自然、安静、私密,隐逸着陶潜文化、别处生活。细节之处尽显中国意蕴,既清幽低调又奢华尊贵。文化的衍生,水的韵味、竹的高雅、石的坚韧,让人们联系到了中国传统文化的儒家文化、道家思想和禅宗禅道。

红砖灰瓦寄托了童年生活的印象,庭院的围合体现在精神的围合、水的围合、绿色的围合、空间的围合。红砖头变换有趣地排列,组成了叫墙的空间,水、竹、石的搭配组成了空间的围合。

客房以九宫格布局,大开放小围合的格局,以院落为建筑形态,也以水、竹、石为文化元素,形成了几间独立的院落漂于水上的视觉效果。空间带来居住的舒适感和主动的交流,合理的尺度带来心理的归属感和领域感,充分体现了人与建筑、自然的和谐。这里是物质升级、情感宣泄的备份,是容纳个性、品质、精神流向和成就感的温室,是真真正正的差异化生存和梦想的"第三空间",是心灵的一个"世外桃源"。这里,有蔬菜种植地,有家禽养殖场;有外围茶室,有室内棋牌;有豆腐坊,有百草亭;全生态的环境为您营造一个属于您个人的桃源秘境。这里,花草树木、虫鱼鸟兽完全遵循大自然的法则,这里,景在院外,也在门内,这里杨柳静立,小舟横斜……

扬州·三间院

三、镇江西津渡

(一)项目规划建设背景

镇江自古以来一直是长江下游重要的港口城市,沿江形成了众多码头,城市的发展和变迁与这些码头密切相关。在大运河时代,位于长江与运河交汇处的镇江是最重要的运河城市之一,运河码头也是城市中最有活力的区域。但近代运河衰落之后,对城市发展影响最大的则是西津渡码头及其周边区域。

西津渡古称西渚、西浦,又称蒜山渡、金陵渡,宋后称西津渡。三国时期,为"吴楚要津"、"长江锁钥"。六朝时,"蒜山无峰岭,北悬临江中"。渡口南倚蒜山(今云台山),依山而建;东有象山为屏,可挡海口潮涌;北临长江与广陵相应,可直趋而济;西向金山,沿江岸线稳定,是泊舟寄椗的理想之所。这一时期蒜山渡的渡口航线已固定在京口和广陵之间,并确立了在长江下游重要的交通运输地位,乃至有人称这一阶段为"渡口时期"。

隋炀帝开通大运河后,纵贯东西的长江与沟通南北的大运河在镇江十字交汇。自此,"南北渡者皆以京口为通津",让镇江站在了这条古代高速路的节点上,成为了漕运重镇,交通咽喉。盛唐开元、天宝年间,由于瓜洲伊娄河的开凿,越江漕路更为便捷,《瓜洲伊娄河棹歌》记述了当时漕船从西津渡过江的情景:"粮艘次第出西津,一片旗帆照水滨。稳渡中流入瓜口,飞章驰驿奏枫宸。"到了宋朝,随着长江水势的变化,隋唐之前阔达 40 余里的江面,就只剩下 18 里了。宋大圣七年(公元 1029 年),为了使港口适应商贸航运需要,在主漕河(大京口)以东开凿了小京口。嘉定八年(公元 1215 年),又分别在小京口以东开凿了海鲜河、甘露港,在大京口之西又开凿了蒜山漕河。现今西津渡历史街区的发展演变与上述地区的变迁轨迹有着极其密切的历史渊源。著名地理学家、史学家顾祖禹在《读史方舆纪要》中说:"今(镇江)城西北三里曰西津渡,为南北对渡口,古谓之西渚……唐时亦曰蒜山渡,宋置西津寨于此,俗称之西马头,即江口也,亦曰京口港。"京口港和现今西津渡街待渡亭西的义渡码头,以及超岸寺北的玉山大码头,都是当时西津渡的重要码头。

明末清初,长江主航道的摆动和沙洲的滋长成为西津渡港口淤塞潜在的威胁。清顺治年间,在西自蒜山、东北界焦山一线涨出的谈家洲,就曾影响到港口的水运活动,以致镇江江岸为淤沙封闭达六七十年之久。公元 1893 年,蒜山东出现沙影。光绪二十六年,由于江滩淤涨,江岸逐渐北移,渡口遂下移到玉山脚下的超岸寺旁。至清代后期,西津古渡口逐渐被淤沙淹没,沿江一字排列的众多码头也陆续迁移,涨起的滩地逐渐变成了繁华的街区,昔日的渡口在人们的视线中消失了。

第二次鸦片战争结束后,1858 年中英签订《天津条约》,镇江与汉口、九江、南京等其他几座长江沿岸城市被列为通商口岸,允许英国设立租界。1861 年 2 月 19 日,英国参赞巴夏礼抵达镇江,与镇江知府师荣光等人商定租界范围。4 月 3 日,双方签订租地批约,租界范围包括

镇江·西津渡

镇江·西津渡

云台山下西至小码头,北至江边,东至镇屏山巷,南至银山门街和观音洞一线,租界区的总面积约为156亩(这一片区域正包含西津渡上岸后的街区所在地)。1876年,英国领事馆在云台山上建成。这以后的西津渡地区至沿江地带,以江边港口为中心,外国洋行林立,旅店、酒肆、茶楼、戏院、邮局、工厂、商店、住宅等中外建筑大量涌现。

经过历史长久的积存,西津渡形成了富于独特魅力的古渡文化景观。西津渡是一处蕴藏着独特的文化并有着完整历史和丰富遗存的大型遗址,它的内容和范围包括四大单元:① 渡。渡口遗址,其年代从中唐至晚清,遗存有历代石岸、码头平台及官署、寺院等,它的范围若以清代淤沙埋没前所存遗迹计,南北宽处约100米,东西长处约140米,面积约1万平方米。② 街。古街遗址,年代从唐延至现代,利用云台山北麓山基岩面为路基,考古勘探发现此街地下为2—3米文化堆积,自下而上,唐至现代路面层层叠压,蜿蜒伸展,西端通玉山大码头,东端连接入城大道。在晚清渡口淤涨废弃之前,此街南侧为一面并列店铺,北侧临江水。东西长约300余米。③ 山。云台山,是古代渡口的依靠和屏障。此山为东晋时刘裕大战孙恩的战场,亦是古代寺庙的所在,山顶尚存元代的大型建筑石础。考古试掘还发现了新石器至商周文化地层。④ 水。古代渡口半岛之外全是长江水域,随着晚清的淤涨成为陆地,山水结合才孕育成长为千年古渡。因此,须在渡口遗址南、西、北三面开挖水域,重现昔日古渡的风貌。西津渡遗址完全有条件建设成西津渡遗址公园,它与西津渡历史街区一静一动珠联璧合,形成集山、水、街、渡浑然一体的文化景观,成为我国独具渡口文化特色的旅游胜地。

文化是城市的灵魂,是城市可持续发展的重要战略资源。而历史文化街区是"看得见的历史",积淀着丰富的文化遗存,以其整体的景观意象展示着城市的个性风貌,反映着城市的发展脉络,是城市文化特色最集中的体现。有条件的城市都应积极保护和科学开发历史街区,并以此为依托构建城市文化轴心,开发一系列精品力作,彰显城市的文化魅力和品位。西津渡历史街区的成功演变就在于,当人们徜徉在这个古今交错的"时光隧道"中时,有一种穿越时空的美妙感觉。

上世纪90年代以来,文化遗产保护观念逐渐深入人心,国内旅游业特别是访古游持续升温,不少历史文化街区得到了重新修建与开放。但是,一些地方在重视文化遗产的同时,也存在着盲目开发旅游

镇江·西津渡

资源,历史文化街区出现了修旧如新、拆旧盖新、新旧不谐等现象。西津渡历史文化街区既有众多历史文物又有常驻居民,上千户居民是搬迁还是留居? 街区内的厂房怎么处理? 是保存和修复最具影响的某个时代的建筑,还是保全其整体风貌? 如何进行整体保护? 这一系列难题使得镇江保护和开发西津渡的工作几近停滞。

西津渡街区的修建问题引起了各方关注。1987 年,镇江市就专门组织编制了《镇江历史文化名城保护规划》,1994 年经省人民政府批准。面对西津渡街区亟待整体保护、修建与管理的现状,镇江市政府又委托东南大学、同济大学分别编制了《西津渡历史街区保护规划》和《古城风貌区控制性详规》。同时,诚邀国内顶级的文物保护与建筑学专家指导古街区的规划与修缮,在王景慧、阮仪三、罗哲文、董卫等知名学者的指导和参与下,1999 年《西津渡古街区保护规划》、2002 年《镇江市西津渡历史风貌区保护与整治规划》、2003 年《镇江市小码头街保护与修复设计》先后出台。这些政策从保护历史文化遗存的角度出发,从宏观和微观两方面明确了西津渡历史街区保护建设的总体原则、功能分区与定位、保护手法和发展规划,为一德集团实施保护更新工程勾画了科学的蓝图。

西津渡曾经存在四个不同时代的历史文化层,即渡口文化层、租界文化层、民国文化层和工业文化层,保护与更新应该把这种历史感完整地延续下来。西津渡历史文化街区作为镇江老城区的一部分,这里居民的安置问题备受关注。普通居民生活是其文化内涵的重要组成部分,必须想办法保留其中的社会生活。本着"可走可留,可修可换"的改造原则,在充分满足建筑空间的基础上,运用历史元素,将西津渡街区从建筑美学、旅游观光、宜居宜商的总体层面上全盘考量,加以实施。对愿意迁出的居民,负责安顿住处或提供经济补偿;愿意留下的居民,统一对其房屋进行修缮与改造。其间,共搬迁了居民五百户,收购工厂三处及学校两万多平米。在修建技术与工艺上,按照修旧如旧、分门别类的原则,在不破坏房屋整体结构的基础上,保留传统的生活方式和生活习俗,形成古街区民居的整体风格。对于当代建筑,进行仿古改造,修建材质尽量选用旧材料,使用传统建筑工艺加以修造。考虑现实生活需求,各种管线全部下埋,在修建古街区的同时,重视提升当地居民的生活质量。

镇江·西津渡

（二）项目建设实践

1. 设计理念

（1）一个与镇江文化遗产的联系渠道。历时 12 年的保护与建设，西津渡已经逐渐成为镇江新的"城市名片"。如何站在千年历史的高度、体现"津渡文化"的厚度、拓展西津渡品牌的知名度？将目标确定为：进一步放大"西津模式"的辐射效应，重点围绕 6 个国字号项目，拓展"西津渡"品牌价值的内涵和外延。在具体项目上，策划推出全国首个以实体文化景点为依托的网络游戏"西津渡"网游项目，建立国家级数码艺术公共服务平台，实现"互动式游戏，体验式旅游"的结合。未来的西津渡历史文化街区将融入大"西津湾"的整体景观建设中，让西津渡之"人文"、云台山之"青山"、西津湾之"绿水"交相呼应，相得益彰。同时，为丰富西津渡的厚度与内涵，还将致力于开展"津渡文化"的研究工作，用文史研究成果指导保护建设工程。进一步延伸和拓展以"平安济渡，和谐商旅"为核心的"津渡文化"的研究平台和空间，形成古代—近代—现代的文脉明晰、个性鲜明、题材丰富的研究体系和成果。

镇江·西津渡

（2）一条通向自然环境的新途径。英籍华人女作家韩素音置身西津渡古街时，曾发自内心地赞叹说："漫步在这条古朴典雅的古街道上，仿佛是在一座天然历史博物馆内散步，这里才是镇江旅游的真正金矿。"中国文物学会名誉会长罗哲文先生更是把这里誉为"中国古渡博物馆"。如今这座如金子般熠熠生辉的古街区，经过十多年的修复与建设，揽码头遗韵，展文化内涵，厚载千年文脉之传承，已成为镇江新的城市文化名片。唐小山楼、宋观音洞、元过街塔、明铁柱宫、清救生会、英领事馆等历代遗存，灿若星河。老码头文化园、救生博物馆、观音文化馆、蒜山游园、西津雅苑，复显古渡之胜境。义渡救生、古商市井、平安佛道、淳朴民风、英雄谋略、文士遗墨，共成津渡文化。这座扬子江畔的古渡码头，在津渡文化的浸润中，见证了镇江的昨天和今天，未来必将成为镇江传承名城文化、引领时尚前沿的"精神码头"。

（3）中国古代建筑与西欧古典建筑的完美结合。西津渡这条古街上多为中国历代古建筑，是一条有着典型的江南古典小街风格的街区,但在古街的入口处的英国领事馆旧址却是一组欧洲古典式建筑,这两种风格、特征、造型完全不同的建筑完美地融合在一条街上,产生了既对比强烈、又交相辉映的艺术效果,给人以无限遐想。我国的古代建筑都善于利用木构架和构件本身的特点进行艺术加工,使之具有装饰作用和审美意义。西津渡古街的亭、廊、楼、阁、民居建筑等木构架结构轻捷美观,涵盖了雕刻、图案、书法、色彩等艺术装饰手法,将实用性和艺术性完美地揉合为一体。而英国领事馆欧式古典建筑的圆形石立柱,弧形红砖拱券,钢质黑色瓦楞屋面所呈现的高大气派、端庄威严,与西津渡古街的中国建筑相互衬托、完美结合,两者的建筑风格尽管截然不同,但在这里却显得那么的协调——历史与文化的协调。中西文化在此相互碰撞,却又珠联璧合,使古街更增添了几分神秘的色彩,体现出中国文化中"天地与我并生,万物与我合一"的胸襟与气魄。

(4)建筑美与自然美的完美结合。西津渡古街的中国古建筑,其审美特性不仅表现在它自身所具有的造型美、装饰美,而且还表现在和周围环境的和谐关系上。西津渡古街地处镇江市区西部绿木成阴、芳草萋萋的蒜山北麓,是沿蒜山峭壁开凿而成的栈道,依山枕水,与金山雕栏相望。川流不息的长江从蒜山脚下拍岸而过,水石相搏,铿然有声。这里的断矶、绝壁,都曾经是天然的港湾,是汉代以来的重要军事要塞、漕运咽喉。街区内的石塔、古渡、古街、券门、碑林、石雕、民居、亭廊等历代古建筑与周围的水光山色完美地融合在一起,相映生辉。古街古渡,给人一种稳定和谐的美感,人们穿古塔、游古街,古风古韵扑面而至,思古幽情油然而生。古街古渡使人与自然相互沟通,相互交融,建筑与自然环境有机地融合在一起,不仅凸现出建筑的造型美,而且还可以建立人与自然、人与社会和谐关系的精神美。西津渡保存完好的历代建筑一方面有适宜人们居住和活动的实用功能,另一方面它又有传承中西文化艺术的审美功能。它们是实用与审美、技术与艺术、物质与精神的高度统一。唐代诗人张祜《题金陵渡》诗:"金陵津渡小山楼,一宿行人自可愁。潮落夜江斜月里,两三星火是瓜洲。"正是古西津渡的千古绝唱。古街的风貌独特、古迹众多、历史悠久、气势古朴,为国内外旅游、考古者注目。走在这条街上,人们能够感受到原汁原味的建筑风格、本土风情和地域文化,使人流连忘返。这样的建筑、这样的风情、这样的文化,让人仿佛回到那种文化碰撞和交融、充满遐想的遥远年代。

镇江·西津渡

2. 设计原则

（1）注重功利，讲究实际。由于交通的便利，相对于中国其他城市而言，开埠前的西津渡历史街区商品经济就比较发达，并对传统的地方文化带来了冲击。镇江开埠后，西津渡街区成了租界，现代西方资本主义经济进入该地区，众多的洋行在西津渡设置了20余个码头，吸引了大量商家长期在此经营，促进了大西路一带商业的迅速发展。这里既是中外进出口贸易的重要港口，又是大江南北交通运输集散中转的重要之地，使西津渡历史街区迅速成为长江流域近代商品经济较发达的地区，并使社会表现出来一种"以利为主"的社会价值观，它和中国传统的"重义轻利"的价值观并驾齐驱。就是那些在西津渡历史街区建立救生会和义渡局的富绅善士们，他们在捐赠大批钱财的同时，也毫不犹豫地信奉"利，时之大义矣"，这已经成为一种社会共识。正是在这样一种社会心态的驱使下，以赢利为目的的西津渡近代建筑业营运而生。建筑作为一种普通的商品被大量地建造起来，建筑业成为当时镇江最活跃的产业。这些从中外各地汇集到镇江经商的商人，在费尽心机追求最大利润的同时，仍不惜为吸引消费者而大动脑筋，在西津渡历史街区建造了形态各异的建筑，以至西津渡历史街区的建筑成为镇江最具竞争能力的商品，当时在西津渡街区拥有房产也成为有身份的象征。这些特点反映在建筑设计上，就是一切建筑精工细雕，外表富丽堂皇，内部豪华实用。

（2）追求时尚，注重特色。追求时尚不仅反映在建筑上，而且是近代西津渡街区发达商品经济中的标志。它是当时社会心态中的"以新为美"在各个方面的表现。当时江苏省第一条马路就是在这里修筑的，第一座火车站也是在这儿诞生的。对于新事物，西津渡人有一种特别的接受能力。反映在建筑上，就是对"新"的追求始终不断。新材料、新结构、新设备往往会作为一种骄傲而大肆宣传，新式样更是不断出现，不断翻新。就是居住在街区内的中国传统建筑，例如广肇公所、江西会馆，它们的建造者也是把他们本地最具特色、最有代表的建筑形式，在他们建造的建筑物中表现出来。在一个商品竞争激烈的社会里，他们所建造的建筑代表这他们个人的脸面和行业的经济实力，这对他们以后的经商具有十分重要的意义。因此，街区上的人对此似乎特别关注，不论是业主还是设计者，都把追求时尚、注重特色看成其事业能够继续发展的保证。而每一次反映各历史时期新式样、新特色、新符号的建筑出现，也都会引起社会的轰动，有时还会竞相效仿。西津渡历史街区近代建筑也正因为如此才会呈现出丰富多彩、特色各异的局面。

（3）中西合璧，兼容并蓄。由于西津渡近代文化产生在东西方两种异质文化相撞的过程中，因而就不可避免地会反映出一种中西合璧的现象。西津渡是古代出海口。"海纳百川"既属西津渡的地质烙印，更是西津渡人文精神的亘古基因。古往今来，西津渡以兼容并蓄的胸怀吸引了众多的仁人志士和各种文化，这种特有的善于吸取百家之长兼容并蓄的能力使得这种中西合璧现象表现得尤为突出。小码头街上的德安里是最典型的实例。德安里既具有西方浓郁的色彩，又有中国传统建筑精湛的工艺，青砖、清水勾缝，砌筑工整。这种近代西津渡历史街区的新型居住建筑，自从产生的第一天起，就打上了中西合璧的烙印。从该房的内部来看，它们的形式似乎并未摆脱传统的中国民居，然而它的院落大门，以红砖发券，呈弧形，上檐墙外突出一砖，以利流水。其上置石额一方，镌刻"德安里"，并以红砖饰以边框。券门两旁设方形砖柱作为承重。上层为过街楼，供管理、保卫人员专用。楼脚线飞边，以砖砌作三条有立体感的红色线条；楼顶部封檐下，亦如法制作。该处券门门楼，经百年风雨侵蚀，迄今仍保留原貌，美观大方，成为历史的见证。更为重要的是，这种建筑类型本身既非任何一种中国的传统建筑，也不是对任何一种西方建筑的模仿。它是一种融合了中西建筑特征并符合房地产开发要求而产生的一种西津渡历史街区特有的新建筑。

镇江·西津渡

3. 设计手法

根据西津渡的建筑特征，采用多元化设计手法，在延续和保持原有风格的同时，突出建筑的典型特征和西津的特色。

（1）多元的建筑风格。

① 富丽堂皇的西方古典式的领事馆办公楼等建筑。例如英国领事馆主楼和工部局旧址的建筑风格为"东印度式"，房的围廊由连续的券拱组成，下口用透空的陶瓷西洋柱式的围栏，整个建筑充分体现一种严格按照比例、均匀布局的特点。另外位于伯先路的蒋怀仁诊所旧址和屠家骅公所旧址等建筑，外部装饰都比较张扬，外表富丽堂皇，过度装饰，追求强烈的感官享受。

② 古色古香的传统商业楼群、会馆。例如伯先路上"广肇公所"建于光绪卅三年（1907年），由广东人卓翼堂主持建

镇江·西津渡

87

造,是一座中式建筑的广东会馆,朝西的大门石横额上刻有"广肇公所"四字,为民国时期前护川都督陈爔所书,大门的砖石上刻有非常精细的浮雕。

③ 借鉴西洋风格的混合式大楼。例如位于京畿路80号的镇江老邮局旧址,位于长江路207号的原亚细亚火油公司旧址,这些建筑以表现中国精神和特色为宗旨,借鉴中国传统建筑中的元素,吸取了西方建筑的精华,掀起了中国现代建筑史上传统复兴的新思潮。

④ 江南传统院落式民宅。例如,小码头街上西"长安里",这是曾在镇江英国领事馆、镇江海关任职的清末洋行买办徐宽宏花巨资建造的。这组建筑建于清光绪年间,由40多幢三合院组成。如今当我们信步穿行在徐家一条条的巷道,或徜徉于徐家普普通通的庭院,首先感到惊异的是它们规划严格、井然有序、层次清晰、界定分明,呈现出古老家族中的规则与次序。如果依照这些规例的路线在房子里走一走,便会生动地感知到昔日生活中的节律、庄重与尊严。

⑤ 中西结合的建筑。例如位于宝盖路127号上的真道堂是由基督教牧师王泰真等人兴建的,该教堂的建筑形制与一般基督教堂不同,很有特色。其他基督教堂一般都使用西洋式的瓦楞黑铁皮攒尖顶,而真道堂则采用了中国古典建筑形式的"歇山式"大屋顶,四面出檐,四檐角昂翘飞出,屋面覆盖灰小瓦,矮正脊,四戗脊,垂脊上原置有涂各种色彩形象生动的仙人走兽饰件(在"文革"中被砸毁),墙体青砖叠砌,而门窗却皆为西方教堂流行的尖拱形制。教堂内水磨花石子地面,石灰抹面平顶天花。南端建有讲台,两侧分别为一雕刻圆形石柱装饰。显然,真道堂的建筑完全是中西混合体。还有位于京畿路上的原慈善机构中国红十字会江苏分会的遗址,西边是西式建筑,而东面是典型的传统建筑,院内还建有中国传统的凉亭。

(2) 多元的建筑形制。

街区内既有以三间二厢为一进,三间房二厢房一面墙为形制的三合院;也有以四面由房子围合,一般前后二进,两边厢房为形制的四合院。既有徽派民居特色,又有江南水乡民居风韵。中式建筑一般为联排多进式,房屋的进数一般以一、三、五、七单数为多,因为中国传统观念中,单数为阳,双数为阴。这些传统的民居,建筑形式较为敦实厚重,淡雅质朴、住宅的大门一般位于宅院东南角的"巽"位上,经济比较富有的住宅,进入大门以后有一堵照壁,上面刻饰有丰富的砖雕内容。街区内,西式建筑的形式是自由式的,整个建筑群落不要求对称,不讲究轴线,自由发展,例如原英国领事馆的办公楼。地点各异,每幢建筑都以构图严密的单体建筑为中心。京畿路上的原蒋怀仁诊所,原屠家骅公馆等西方建筑也是如此,它们都因地形而定,不强调对称,只强调建筑的立体感和空间感,追求层次和深度的变化。

(3) 多元的建筑材料。

① 西津渡历史街区的中式建筑,继承传统地以木材为主要材料的承载结构,外部墙面用青砖或断青砖砌成清水墙,内墙用石灰粉刷,地面用大方砖铺设,建筑用砂浆,考究的建筑用石灰糯米汁灰浆,一般建筑用石灰掺灶膛内的草木灰作灰浆。铁件在中式建筑中用得很少,一般用于墙的外部作为扣件,一根铁栓贯穿墙内外,一是为了加固、二是有装饰之功能。石料一般用于门窗的过门过窗,院子和街道的铺设也多用青石、花岗岩等石料。中式建筑的油漆有很多是用国产的国漆做原料,需要在梅雨季节施工,该漆漆好后显黑色,以后越用越红。

② 西津渡历史街区的西式建筑,以文艺复兴后的欧洲建筑为中心,建筑思想体现"以神为中心","中国建筑是人住的房子,西方建筑更像是神的殿堂。"西方建筑在制服自然精神的要求下,将建筑元素——石材充分打造、垫灰叠物。古希腊工匠曾将每块石面磨平,克服支点不匀的弊端,以期达到永世不毁的目标。这些建筑思想反映在西津渡历史街区西式建筑的建筑材料上,均以石头、砖、铁件作为建筑承重使力结构。这些材料大都经过磨平的工序,水泥、玻璃、钢铁已成为这些建筑的常用材料。

镇江·西津渡

(4) 多元的建筑结构。

① 西津渡历史街区的中式建筑以木结构为主,框架是支撑整个建筑的主体,无论哪一面墙,均不承重。框架结构的排山主要是以抬梁式构架为主,例如救生会、观音洞的排山,这种形式是屋瓦铺设于椽上,椽上有薄旺砖架于檩上,檩承于梁上,梁承受整个屋顶的重量,再传到木柱上,这是一种节省室内竖柱的方法,这些柱子的下口都垫有石鼓。木结构扣榫咬口,相当牢固,如遇自然灾害,墙体倒塌,而木结构屋架却安然无恙。历史街区还有许多宗教园林建筑,例如超岸寺、铁柱宫、小山楼和新修的蒜山游园。

② 西津渡历史街区上的许多西式建筑以砖木混合结构为主,有的建筑没有中国式的木框架,墙壁一定要承重,并且许多建筑都使用了券拱结构,门和窗的过渡都建成各种弧度的圈拱。大跨度的拱券使

用,大大改进了建筑的受力状态,创造出券柱式和叠柱式的多层建筑形式。许多柱子已从承重构件演化成装饰的壁柱。例如"原领事馆区内的五幢西式建筑,有四幢是仿歌特式风格",这些建筑在罗马式拱券的基础上改用了矢状券的框架结构,从而减少了侧推力。

(5)多元的建筑屋顶。

① 中国传统建筑的屋顶。西津渡街区的传统建筑屋顶有双坡面、歇山、硬山、悬山等结构。这些建筑的屋面一般都做有明显的曲线,屋顶上部坡度较陡,下部较平缓,这样既便于雨水排泄,又有利于日照与通风。在歇山顶的建筑中,屋檐都有意做成微微地向两侧升高的样式,特别是屋角部分,做成明显的起翘,形成翼角如飞的意境。中国传统建筑屋顶的材料单一,屋面用蝴蝶瓦(小青瓦)作为建筑材料,瓦头一般采用传统的吉祥物作为图案。

② 西式建筑屋顶。西式建筑屋顶采用了瓦楞铁皮坡度的屋顶,上面开设了天窗,既美观又透气、透光,有的屋顶上还建造了壁炉烟道,这和中式建筑的马头墙一样,成为这些建筑的符号。西式建筑屋材料多样,有洋瓦、鱼鳞瓦、瓦楞铁皮瓦。

③ 中西结合的屋顶。西津渡街区的建筑屋顶还有四坡(四阿)水大屋顶。例如位于小码头街"德安里"的原"春生和包子店"的旧址。屋面用料不是西式铁皮瓦楞,也不是预制的水泥平瓦,而是全部用"蝴蝶瓦"(小瓦)盖顶,与后进的人字头(硬山)小瓦屋顶相和谐。

(6)多元的建筑内外装饰。

① 中式民居传统建筑的色彩一般是粉墙黛瓦,或者是清水砖墙,内部装饰精美、经济实用。每幢建筑的山墙上口都有马头墙,既具有防火防风功能,又美化了天际空间。在传统住宅群的通道里,宽度一般都在2米左右,既不便大件或长物件搬运,也影响行人视线,为了使巷口空间扩大,古代工匠采取了"以人为本"的手法,建筑时,将距地面2米高左右的墙角抹去磨平,建筑上称此工艺叫"磨角",这也反映了古代工匠的聪明智慧和创造力,俗语中的"转弯抹角"源出于此。目前,小码头街上的西长安里即有多处的"磨角"工艺。中国传统建筑的外部窗子又少且小,窗洞下增加斜坡度窗台,上口增加窗楣,但却在内部的门窗上大做文章,尤其是正屋的正面,均用木质隔扇装修,制成屏门和格子窗,上面雕刻着各式各样精美的图案,例如"广肇公所"的建筑院子里木构件上有许多文字和图案,雕梁画栋,因年代久远沾满了岁月的风尘,而失去了曾经可能十分炫目的色彩,但其韵味仍在。中

镇江·西津渡

90

国传统建筑堂屋地面,考究的做法是用坛子反盖在地下,上面用罗地砖铺设,房间一般铺设杉木地板,地板下口有地垄,外墙留有通风口,便于通风散潮。

② 西式建筑的外部装饰都比较张扬,外表富丽堂皇,内部装饰豪华、环境协调。例如,领事馆内的两幢美国基督教浸礼会牧师马里德、郭怀义住宅,建于 1915 年,坐北朝南,整体两层,局部三层,两幢均用青砖清水砌筑,夹以红砖饰门窗齐线,正面皆有古典西洋立柱。屋面用人字形铁皮瓦椤铺设,并竖有天窗(镇江人称老虎窗),该两幢建筑的外墙墙脚地基也相当考究,外表用红砖饰以线条,地垄规整,讲究通风,高近 2 米,貌似地下仓库。西式建筑的内部,通常把起居室和客厅作为整幢建筑的重点,是最豪华、最宽敞、最明亮的地方,房子饰以天花,四边用石膏嵌线,墙上贴有墙纸,地上铺着几何花纹的马赛克地砖,窗户上配有各种色彩花纹的玻璃,客厅里一般装有硕大吊灯,有烤火的壁炉。这是实用兼装饰的陈设。西式建筑的卧室则比较隐蔽,一般设在楼上,室内的装饰一般用油画、地毯、雕塑等元素组成,色调注重整体环境的协调。

(7) 多元的建筑细节。

① 各种各样的门。古街上有五道券门,从古街的东端走进,第一道券门门额上书"西津渡街"四个大字,这是中国佛教协会原会长赵朴初先生为西津渡古街题写的匾额墨宝,券门背面的石刻匾额是用秦篆写的"吴楚要津",古街上竖立着另外四道券门。二道券门门额上写有两句佛教语言:"同登觉路"、"共渡慈航",另外二道门额上还写有王勃《滕王阁序》中的两句话"飞阁流丹"、"层峦耸翠"。这五道券门在山坡上下相隔相连,错落有致,独具一格,布局合理。步入一道券门仿佛就进入一片天地、一段时空,身临其境,用心回味,仿佛漫步在一座天然博物馆里一个个展区。既增添了宗教文化的神秘色彩,也给过江旅客进一步提供了精神上的安全保障,体现了津渡文化与宗教文化的完美融合,呈现了出世与入世的和谐关系。

② 各种各样的窗。在街区古建筑的木门窗的制作中,工匠们不仅保证了木门窗结构与建筑外观相协调,而且还保证了室内装饰的丰富和随意。木门窗作为街区古建筑中最重要的组成部分,功能性和装饰性相辅相成。制作这些木门窗的工匠,一边小心翼翼地拆解着门窗的榫卯结构,一面娓娓讲述雕刻在门窗上的故事,将民俗风情、神话传说、吉神图案等,栩栩如生地呈现给广大游客。他们把这种行为演变

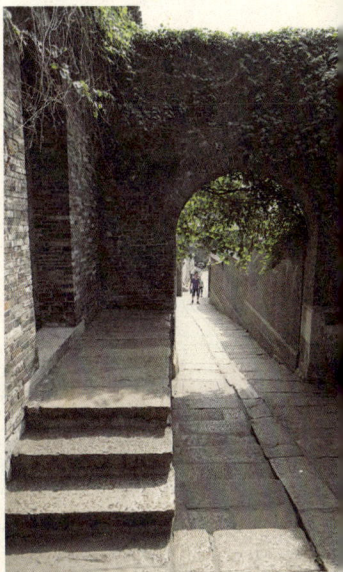

镇江·西津渡

为生活的乐趣,同时在向世人展示着生活的信心。

③ 各种各样的雕刻。在西津渡街区的建筑里,映入眼帘的便看到无所不在的雕刻艺术。位于小码头街利群巷的集雅斋四合院中,所有的门楼、花窗、格门、樘板,几乎无处不雕,各类木雕、砖雕、灰雕,可谓无雕不精。这些雕刻的内容更有深刻的价值。雕刻的题材,一方面是民间熟悉的神话传说和戏剧故事,一方面是民间广泛使用的谐音图像。这些寄寓着企望富贵、健康、好运、平安的形象,全都化作优美与精致的雕刻,在大门的门楼上,四面相通的骑楼间,密密实实地布满了所有的空间。

(8) 多元的景观园林建筑。

① 各种各样的亭。亭是西津渡历史街区古典建筑艺术中隽永,极具魅力,而又丰富多彩的一种建筑形式。街区内各种各样的亭随处可见。从亭的造型形式来分,如果以有无围护结构装修为准绳的话,那么亭的造型就可以分为两大类:开敞的称为"凉亭",装有槅扇的称为"暖亭"。而从建筑形态的完整性来看,又可分成"亭"和"半亭"。从亭的平面形态来看,大部分以多种简单的几何形态为最多,如正方形、矩形、圆形、正六边形等。从亭的屋顶形式来看,这是西津渡历史街区古典建筑屋顶的荟萃。亭的屋顶,以各种攒尖顶最为常见,如圆攒尖(云台山北麓的圆亭)、方攒尖(京江亭)等。有带正脊的屋顶,如歇山顶(待渡亭、来烟榭)、庑山顶(云台山北麓最下面的八角亭)等。从亭的用途性质来看,有路亭(云台山北麓的三座亭)、廊亭(二翁亭)、桥亭(香雪亭)、钟亭(救生会西侧的亭)、纪念亭(算亭)、流杯亭(救生会东侧的静观亭)等。亭的造型丰富生动,灵活多样,尽管它是西津渡历史街区中较小的一种建筑类型,但它却是"殚土木之功,穷造型之巧",是街区建筑中重要的组成部分。

② 各种各样的廊。从长江路西入口进入蒜山游园,一道弯曲的长廊赫然在目,它们经造园艺术家的神奇安排,能工巧匠的鬼斧神工,将天工与人巧有机融合,形成了一个相对独立的景物环境——曲径通幽。游园的长廊迂回曲折,半廊、全廊、半透、全透的手法,使单调的长廊得到暂歇和变化,其立意是要为人们营造一个幽静的环境,通过曲折多变的长廊,蜿蜒的小径使人们从烦乱嘈杂的环境进入幽静之处。又如西津雅苑的建筑平面形式多样,楼廊亭轩立体造型变化多端,特别是园内一庭院,朝西部分建成了两面透空的长廊,中部建有一廊亭,将长廊分为二段,使长长的游廊有了暂歇和变化。建造各式长廊,除

镇江·西津渡

了营造环境的功能外,它还有连接场景、天堑变通途的作用,例如从观音洞二楼,顺着围廊,可以爬到观音洞的最高点,从这儿可以望到长江的内江和大部分西津渡古街的场景。为了使整个展览连成一片,我们在原悬岩上制作了过山栈道长廊,使佛教的观音洞和道教的铁柱宫连成一片。

③ 各种各样的设置和围墙。中式建筑对外封闭,对内开放,反映严格的宗法思想,例如伯先路上的广肇公所,大门外墙五开间的墙上设有一扇窗子,整个住宅四边墙上的窗子都很小,这主要是中国传统住宅的对外封闭性的文化心理和"暗能藏财"的习俗在起作用。加之当时社会也确实非常混乱,坚固的高宅大院也起了防护的作用。西方建筑周围也建有花园,例如,原英国领事馆就是一座大的花园建筑群,但西方的园林花园与中国传统园林不同,它们强调对称、平直方正,不取自然形态,用黄杨、冬青等植物组成几何形状图案,园内设置、雕塑、喷泉、金属路灯,广场漫步道等园林设施元素,使它们有机地统一。围墙一般用透空的铁栅栏建成,形成开放式的布局。

(三) 项目建设成就

2008 年 4 月 29 日,西津渡历史文化街区开街,使这条古街区成为一条长达 1800 米、厚载 1300 多年的文脉清晰、积淀丰厚的历史文化发展轴线。自 20 世纪 90 年代末起,西津渡街区实施保护更新,基本完成一期工程,修缮唐小山楼、宋观音洞、元昭关塔、明铁柱宫、清救生会和英领事馆等十多处重要文物建筑,置换 500 户民居,维修传统民房;修建蒜山游园、西津雅苑等景观建筑;收购工业厂房,规划建设文化创意产业园;完成救生文化博物馆、观音文化展览馆和古渡码头考古挖掘工作;形成多种业态、特色经营的小码头一条街。西津渡历史文化街区先后获得了联合国教科文组织亚太地区文化遗产优秀保护奖、国家茅以升科学技术奖、江苏省人居环境范例奖,成为全国历史文化街区保护的"西津模式"。

第六章　宁镇扬文化传承与基因再造

　　城市需要文化和精神。一座老城需要传承,以寻找城市发展的根和源;一座新城需要文化,以赋予城市新的个性魅力。正是在这种背景下,南京明城汇、扬州三间院及小盘谷、镇江的西津渡等一个个丰富多彩的文化项目应运而生。她们在坚持传承中国传统文化、地域文化的同时,又将时代的特征和西方先进的文化融入其中,在实践中探索了保护和传承中国传统文化,再造民族和地域文化基因的新思路和新举措。

一、传统文化的彰显

扬州·小盘谷

　　中国建筑文化源远流长,有丰富深远的文化哲理,重情知礼,以人为本,创作思维上强调天人合一的整体观。中国传统文化的传承与改造要有面向现代化、面向世界、面向未来的时代意识,弘扬中华民族的主体意识,坚持取其精华、去其糟粕,古为今用、洋为中用的原则。将传统文化中"仁义礼智信"、"以和为贵"、"兼爱"、"尚贤"、"自强不息"等普适性文化元素大胆地发扬光大,使其成为中国先进文化的重要组成部分。西方文化中包含的科学精神、民主思想、法制观念、人权理论等文明成果,要吸收、消化,使之中国化,成为中国文化中浑然天成的一部分,使中国传统文化的价值体系更加完善。在宁镇扬三地项目规划设计和项目建设,融入了中国传统的文化元素,如三间院儒释道三种文化的加入、"天人合一"自然观的展示、传统建筑表现方式的运用等,都将彰显和传承中国传统文化作为项目展示的重要基础。三间院——东方庭院、水居情怀,对传统文化基因的传承与再造具有重要意义。

　　建筑是文化的筑砌,居所是生命的偎依。文化流传,长川为源;东方传统,庭院为居。三间院——东方庭院回归传统人居文化,复活江

94

南水乡古韵,在古宅幽院与天光水影之中营造一份闲适恬淡的意境,以粉墙黛瓦与绿园翠竹勾勒一幅温婉灵动的景致,于静谧历史与繁华现代之间构筑一方安顿生命的家园。一窗水色天光,满门长河流韵。安身于富于东方神韵的灰白意象,依水而居枕河入眠,谁说不是一种生命的体悟和智慧的选择呢? 东方庭院于至简洁至真实中找到的,正是人类居住文化的至高信仰!

都市人居空间的逼仄,现代人文精神的委顿,与其说凸现了东方庭院的地理、地缘优势,不如说更体现了她集东方情韵与现代审美、融渊远文化与都市时尚于一体的高贵身份。简洁古朴与奢侈华美完美结合,水居文化与生命美学相得益彰,无不使东方庭院获得阴阳平衡、天人和谐的双重价值。"顺其自然"是中国建筑文化的传统。在居住形态上,表现为住宅与庭院的结合,在屋宇选址时,多喜欢与山水林木相接近。

（一）生态低碳与天人合一

近些年来,西方世界提倡生态、低碳、人性,而中国建筑出现伊始就尊重自然,讲究"天人合一"。三间院建筑设计融于当地的环境中,取材大自然,体现了中国古代园林师法自然、融于自然、顺应自然、表现自然的"天人合一"民族文化精髓,弘扬中国传统建筑文化,也使得建筑具有很强的艺术生命力。

在艺术上师法自然。总体布局、组合合乎自然,合乎山与水的关系,符合自然界山水生成的客观规律。每个山水景象要素的形象组合合乎自然规律,石料的叠砌仿天然岩石的纹脉,减少了人工拼叠的痕迹;花木布置应是疏密相间,形态天然。乔灌木也错杂相间,追求天然野趣。

在空间上融于自然。形与神、景与情、意与境、虚与实、动与静、因与借、真与假、有限与无限、有法与无法等种种关系,使园内空间与自然空间融合和扩展开来。在漏窗内看,玲珑剔透的花饰、丰富多彩的图案,有浓厚的民族风味和美学价值;透过漏窗,竹树迷离摇曳,亭台楼阁时隐时现,远空蓝天白云飞游,造成幽深宽广的空间境界和意趣。在三间院,田园、树木、草地,一切都是那么有条不紊,一切又都是那么恰到好处。绿色无处不在,绿色又与建筑融为一体,变成了房屋的一

扬州·小盘谷

部分。

在建筑上顺应自然。人工的水,岸边曲折自如,水中波纹层层递进,也都显示自然的风光。所有建筑,其形与神都与天空、地下自然环境吻合,同时又使园内各部分自然相接,以使园林体现自然、淡泊、恬静、含蓄的艺术特色,并收到移步换景、渐入佳境、小中见大等观赏效果。

(二)山水情怀与风水文化

三间院的建筑设计,体现传统建筑风格。不仅是出于山水考虑,更注重对养生聚气之道的推崇,将传统的风水聚合原理经典融入平常的起居住行当中。实质就是追求人身的小宇宙之"气"与周围环境的大自然宇宙之"气"相协调、统一,以保证人的生理健康和心理平和。

(1)纳天地之气。风水中"气"来源于中国古代哲学中气的概念。风水中所说的"气"通常情况下是看不见的,任何一个风水环境都存在着一种阴阳和合之气,这种气能对人的生理和心理产生影响。风水中的气又被称作具有生命意义的"生气",有生气就代表着旺盛。"夫阴阳之气,噫而为风,升而为云,降而为雨,行乎地中,而为生气。"([晋]郭璞《葬书》)这种"生气"似乎是一种能导致万物生化的物之本源,所以"土形气生,物因以生"(同上)。古代庭院模式构建,庭院除了通风、采光、供人活动的功能外,还在于接纳天地之气,融于自然,与自然沟通,庭院也是沟通天地阴阳之气的气场中心。三间院庭院式建筑设计,弘扬了中国传统建筑文化,使得庭院成为吸纳宇宙之元气。庭院是建筑的通风口,是气流聚散的会合处,院落空间和室内过厅穿堂等联在一起形成一个较大的气流网络,使住宅内气流畅通,较好解决了住宅的通风问题。院落承接阳光雨露、日月精华、纳气通风,具有"藏风聚气,通天接地"的功能。

(2)聚四方之财。在风水理论中,水代表财富,庭院这种设计和"财禄"相关。历来经商之道,讲究以聚财为本。庭院式"四水归堂"式建筑设计,反应了居者企盼天降的雨露与财气,不至于流向别处,四方之财如同天上之水,源源不断地注入自己的宅中,这是在凡俗人间的商人们对明日生活的一种美好愿景,也即"肥水不流外人田"。三间院建筑的屋面将向庭院倾斜,使得雨水向内排入庭院,这就是风水称作为"四水归堂"的结构,体现了聚四方之财的文化意蕴。

扬州·小盘谷

（3）达阴阳平衡。阴阳相调是中国古人所孜孜追求的境界。阴阳被认为也包含在每一事物的内部，阴阳中复有阴阳，并随时空运动而变化。由于阴阳的对立统一作用，宇宙万物在各层次上都处在"生生不息"的永恒变动之中。阴阳五行系统对中国古代建筑空间的影响主要表现在对建筑的选址和自然资源的利用上。如阴阳理论所揭示的那样，万物皆为阴阳的复合体，天人同一，人物相和。在风水学中，将建筑室内空间视为阴，室外空间视为阳，这反映在中国古代建筑的选址以及对水土资源的利用和布局上，且以南方的园林为代表。也可以认为建筑为实主阳，庭院为虚主阴，这一虚一实组合而成的"前庭后院"，按中轴线有序连续的推进，大大增强了传统建筑阴阳推和的艺术魅力，三间院建筑庭院，采用封闭的空间形式，而且不过于空旷，阴阳互补，相辅相成，可以使建筑在整体上获得阴阳平衡。虚空透亮的庭院是我国古建筑室内使用部分有机的延伸和补充，是人工构筑的房屋与外在自然之间不可缺少的中介。一般而言，传统建筑的主要部分，如正堂之类，均围绕着庭院布置，透过虚空的门窗或开敞的轩廊，建筑的室内外空间能自由地流通。按照传统的室内为阴、室外为阳的观念，这种内外流通又代表着另一种形式的阴阳变化和协调.

（三）文化意境与儒释道

任何一种文化都有或多或少，或显或隐的人格论，尤其是极富哲学思想的文化。三间院特别重视寓情于景，情景交融，寓义于物，以物比德。首先，以竹石水的自然特性和人文内涵为主体，把作为审美对象的自然景物看作是品德美、精神美和人格美的一种象征。其次，文化的衍生，水的韵味、竹的高雅、石的坚韧让我们联系到了中国传统文化的儒家文化、道家思想和禅宗禅道。让身居其中的人，既可以融入自然，体验大自然的恩赐，让身心得以回归自然；又可能在其中使自己的心灵得到净化，素养得到提高，从而获得许多有益的人生启迪。

1. 儒与石

孔子是儒学的创始人，是人道的启蒙者。他的思想博大精深，既有崇高的价值理想，又有切实的百姓日用，是中国古代思想的结晶。孔子的思想，一言以蔽之，是以治平为本，以仁为核，以和为贵。他的思想是中华民族精神的源头活水、礼乐文化的重要根据、价值观念的是非标准。儒家主张人生的价值应该超脱在世俗的福报之上，提升至

扬州·小盘谷

道德的世界；道德的自觉、道德的实践才是人生的最高原则，也是作为一个人的绝对价值所在。儒家的道德世界，就是圣人的世界；无条件地爱人，不因别人情感的游离观望而丧失原本的爱心；至于人世的福报，求之有道，但得之有命，得失之间，没有必然的因果，只是人间偶然的遭遇，有幸有不幸罢了。儒家相信人间的福报会因人世的无常而不定，但人类的道德自觉则永不会失落，因为道德存在于人性之中；求则得之，舍则失之，只要有心追寻，道德就在自觉中呈现。

儒家贵仁，注重入世。儒学的价值中，"仁者爱人"，"修身、齐家、治国、平天下"，"先天下之忧而忧，后天下之乐而乐"，"穷则独善其身，达则兼济天下"等，要求人们能克制自己的本能欲望而全身心投入到社会建设之中。因此，儒家学说，从来都是入世的学说，它要求儒生应积极地投入社会，改造社会，在天下太平中体现自己的人生价值。

儒家尊礼，注重忠恕。儒家思想建立中国文明的论理秩序，而秩序的目标就是和谐。从现代的观点来看，就要和他人相协调，要求为人处世要踏实、稳重，勤恳向上，勇于改错，坚持操守，严格要求自己，但不苟求别人。在人的交往中体现的是其乐融融的和谐，而礼之形式恰恰有一个节制、文饰的作用，所谓"以礼节之"，使人的真情实感在实践出来时，不光富有道德的内涵，而且体现了一种美，这就是"文质彬彬"。

从政治思想到伦理思想，乃至人生哲学，儒家都是倡导入世的，而且儒者本身也积极入世。在修身、齐家、治国、平天下的过程中，儒家哲学处处体现出积极的"入世"精神。石具有刚强不屈、无坚不摧、巍然不动、坚毅不拔、力挽狂澜的品格，又具有阳刚之气，与儒家入世的要求相一致。

身在石院，秉石而思。让人感悟，成功的取得需要我们积极进取，要立德、立功、立言，这就需要我们像石那样坚韧不屈。同时，对成功者来说，如何使自己得到更好的发展，不仅仅是利用人、控制人，而是实实在在地爱人、关心人。如果是企业，可以让你的员工在企业中有一种"家"的归属感，这样企业的对内凝聚力、对外竞争力也由于生产者对"家"的忠诚奉献得以增强。

2. 道与水

道家是追求自然无为的人生智慧。道德价值是人文世界的产物，是人为的执著；儒家强调道德价值是人性的最高原理，生命的最后真实，以道德为中心，要求人群向它看齐；道家则认定以道德为中心的执

着,会压迫许多人,把没有能力看齐的人群,逼到痛苦的深渊。因此,道家主张让个人回到个人原本的世界,顺自然而因物性,也就是说应当由着个人的自然本性自由发展,而不应当以社会礼法等种种规范去干预和束缚个人的行为。

人有欲求,人与人之间有欲求的纷争和福报的计较。因此,儒家建立了一个人文世界,提出道德心为理想的心灵世界,鼓励人们不要计较福报的得失,以无条件的爱去弥补人世的缺憾。然而,道家却指出,道德的理想及无条件的爱,会形成人类的自我膨胀,以道德心、爱心去要求别人,扭曲别人,使自己没有自己、别人没有别人。为了化解儒家道德感及无条件的爱给人类带来的负担,道家主张无为自然,没有道德的标准与爱心的要求,如山水画中的山水、田园诗中的田园,是空灵虚静。

道家无为、柔弱与水的特性甚为相似。"上善若水,水善利万物而不争,处众人之所需,故几于道。"意思是,最高的德行像水那样,滋长万物而不与万物争,它处在众人不愿处的地方,因此接近于道。"天下莫柔弱于水,而攻坚强者莫之能胜,以其无以易之也。弱之胜强,柔之胜刚,天下莫不知。"意思是,天下没有什么东西比水更柔弱,可是摧毁坚强的东西,没有什么比得上它,柔弱战胜强大,柔软战胜坚硬,这个道理没有不知道的。

因为水无定体,盛于方则方,盛于圆则圆,它大不可极,深不可测,远于无涯,长于无穷,你攻之不破,刺之不伤,斩之不断,焚之不燃,体现出表于柔而内于刚,见于弱而胜于强的品格。水上天则为雨露,下地则为江海,万物依赖它而生,它润泽万物而无所取、无所争,不求报答,若处之不善,它又可覆舟决堤,一路奔泻,势不可挡,转瞬间就摧毁万物。凡此种种,都是顺天人格思想的意志力的绝妙象征。用老子的话来说,圣人就像水一样,"终不为大,故能成其大","夫唯不争,故天下莫能与之争"。其中暗含着丰富、微妙和辩证的人生哲学和处世真谛。

像水一样,师法自然,顺天从性,是道家的人格思想。现代人格思想论认为,意志力是人格中最基本的层次或部分,因为它是人的生命本能和生存欲求的最初体现,也是主体对人生选择的出发点和动力。道家顺天人格理想的意志力是"柔",作为一种主体的自觉意识,其核心是主动的无为,是对内在冲动的自我束缚。

无为不争,就是意志的柔。柔不是懦弱的表现,而是生存的前提和法则。老子说:"人出生也柔弱,其死也坚强,草木之生也柔弱,其死也枯槁。"道家从自然界的生生灭灭中得到启示,柔弱与生相伴,坚强与死相随。这种人生哲学,对整个民族的人格心态影响甚为深远。柔弱既是生的法则,又是力的象征,天下事物再也没有水更符合这种思想了,水无色、无味、无形,但云雨聚散,江河奔腾,无不喻意着力量和生机,所以说水的品格恰是老庄思想人格论的绝妙代表。

身居水院,以水论道。首先,道家崇尚自然,强调人性的自然存在方式,这必须导向提倡独立人格的保持、个体价值的实现。在人与自然界的关系方面,道家强调人与天地万物之间的和谐,认为人应当顺物之则,缘理而动,不要以主观意愿去胡思乱动,从而破坏自然界的和谐平衡。这对我们建筑设计者,对在过分强调人主动性都会深有启迪。在社会人际关系方面,尤其是处于社会领导地位的统治者,要效法自然无为精神,尽量简化各种制度、规范,使百姓保持纯朴的民风,尊重每个性发展,也许能使我们的社会、我们的企业达到无为而无所为的境地。其次,道家修养,其主张是"虚静"、"寡欲"、"无为"、"不争"。老子看到了刚强的反而容易被摧折,竞争者反而容易害了自己。所以,他特别提倡谦虚柔弱,这样可以保住自己,在这个世界上生存下来:"圣人后其身而身先,外其身而身存,非以其无私耶,故能成其私。""不自见故明,不自是故彰,不自伐故有功,不自矜故长;夫惟不争,故天下莫能与之争。"也就是说,一个人应当透破功名利禄权势的束缚,使精神活动臻于优游自在、无挂无碍的境地。要排除一切现实的、有限的纷扰,超越世俗羁绊,则要安时处顺,即安命无为。就要达到"心斋""坐忘"即人自身的感官物欲和认识活动达到一种精神的超越。

3. 佛与竹

至于儒家的道德世界和道家的自然世界,是否真的能够为人类建立一个心灵的世界,在佛家的眼里,这些都只是人类的执迷妄念,因为不论是人文世界或自然的世界,根本都是虚幻的世界。

佛家随缘不变,人生只是虚妄的执著。儒家的人文世界是由人性美善开展出来的世界,人间福报变化莫测,因此必须建立一个不变的道德世界来定住生命;道家的自然世界是无为的,相信人的自然原就自然美善,人文的规范反而扰乱了原本美好的世界。佛家则认为,"缘起性空",不论是人文的世界或自然的世界都是依他起;万事万物都是依靠外在条件而存在,这世界的一切存在都是没有自性,都是空的,一

100

且外在条件消失了,世界与自我也会随着消失。

　　人们无可奈何地生活在依他起的世界、空的世界;但是人性的虚妄,无法洞悉人世的无常,执著于万事万物的假相。执著的结果,终必产生烦恼和痛苦。佛家主张随缘,人既然必须依存在一个生灭无常的世界里,就应该放弃对自我与世界的执着。人是生老病死,世界上没有什么是永恒不变的,因为无常本是世界的存在。如果生命懂得随缘,面对人世的虚幻,随遇而安,不执著,但也不背弃,这就是人世。打破执著的妄念,了悟"缘起性空"的佛家哲学,是佛家为人类解开的心灵的困惑。在迷的世界中,生命是苦的;在悟的世界中,就可能解除烦恼,步入涅槃之境。

　　竹被佛教视为圣物,因为释迦牟尼佛在王舍城宣扬佛教时,迦兰陀曾献竹园而精舍,清幽的环境令人顿时入静,以后佛寺中居士、信徒家中常种竹子,以表示对佛教的信仰。竹子给予我们的不仅仅是物质上的东西,更可贵的是精神上的东西。

　　(1)竹如佛般空灵。竹心空,是佛教"空"的形象表现,像竹那样虚心豁达,方能体察世间之道理。竹子虽无牡丹之富丽、兰一样的芳香、梅的俏姿、松柏般伟岸,但她坦诚无私,朴实无华,不苛求环境,不炫耀自己,默默无闻地把绿荫奉献给大地,把财富奉献给人民。有节常青华丽的外表,坚定虚心朴实的内心。

　　(2)竹似佛中解脱。竹性直,直以立身,刚正不阿。竹拔节攀高,生命中经历无数次的蝉蜕,脱落青铜的外衣,袒露翡翠的高贵,有如成佛前漫长痛苦的禅坐,大彻大悟后,终于修炼成正果。

扬州·小盘谷

　　身处竹院,竹中念佛。佛家主要是区分善恶,要求"诸恶莫作,众善奉行,自净其意",主张"有情众生""无缘大慈同体大悲",强调不当之财不可苟得。讲究布施、持戒、忍辱、精进、禅定、般若等。佛家又注重修行养性,广积善缘以求功德圆满,福泽来世。当事业受挫、理想幻灭时,应自我反省,扫除内心的"妄恋浮云";当功成名就、荣宠加身时,应想到这只不过是过眼云烟、身外之物。只有身处尘世之中而心超尘世之外,宠辱不惊,才能达到一种较高的人格境界。对于那些事业有成的人来说,也许会顿悟,在向社会索取的同时应该回报社会。

（四）三间院的感悟与启迪

扬州·三间院

儒、道、释三分天下，道家在田园，佛家在山林，而儒家在庙堂。表面上三家各有门庭，其实三者是高度统一的。儒、道、释完整地构成了中国的一个信仰世界，也构成了一个中国人一生的信仰经历。在人生的不同阶段，在事业的不同时期，而信仰不同。

在青年时期或事业初期，第一个信仰是儒家。因为，这个时期一个人面临创业阶段，需要儒家入世、进取的信仰来支持其参与社会并进入官僚体制。这一个方面可以为其谋得生活之资，另一个方面为社会现实的合理性提供支撑。

在中年时期或事业的中期，信仰将转入道家境界。到了中年之后，儒家信仰遇到现实挫折，儒生开始对官场产生厌倦。道家可以消除儒家人生由于内在紧张产生的焦虑和不安，让或者成功、或者失意的儒生均能够找到一条释放压力和成就另一种人生的路径。

在老年时期或事业，信仰将进入佛家慈悲。佛家特别适合中国的老年人解决即将面对的死亡问题。死亡中的人是最孤独的，需要佛家的信仰扶持以度过此难。另外，佛家慈悲对于充满罪孽的人生给予一个超度的机会，佛家还有积福于下一代的功能，这样便吸引更多的人通过信奉佛教达到各种目的。但是，其中主要的原因是通过佛家消解对死亡的恐惧。

儒、道、释孤立起来，均不能形成独立的人格，三种结合才能塑造完整的人格。因此，通过三间院建筑设计和文化创意，又让人对自己的人格有一个完整的认识。在三间院，无论是年轻人、中年人还是老年人，无论是创业者、功成名就者还是事业受挫者，都可以获得心神的休憩享受及愉悦体验，同时也能受到诸多的人生启迪。

二、基因再造的思路

如何再造文化基因，必须依靠自己的力量，突出自己的特色，走自己的文化发展道路，建设面向现代化、面向世界、面向未来，民族的科学的大众的社会主义先进文化。

（一）古今平衡

借鉴传统建筑文化的空间布局、造型语汇、色彩以及细部装饰等追求建筑与自然与人文环境的协调，运用现代材料、技术、构造方法，表达历史的含义。其中也涉及到价值观念、思维方式等人文方面的因素。

1. 借助传统设计

中华文明源远流长，在漫长历史发展进程中，形成了儒道互补的哲学体系以及与之相匹配的"天人合一、师法自然、和谐共生、厚德载物"的价值观，其核心观念是"和谐"。三间院、吉山软件园等，都体现了中华传统建筑文化的和谐观念对自然和社会的适应，并形成鲜明的形态特征。在小盘谷保护与更新中，借鉴和发扬了传统园林体现"虽为人作，宛若天开"、"巧于因借，精在体宜"的高超造园艺术。这些传统建筑文化思想和适应自然与社会变化的和谐观，以及在城市、建筑、园林中所形成的鲜明特征，是我们从事中国现代建筑创作可以借鉴的宝贵财富。

2. 借鉴传统融合

地域性建筑的发展并不等于一味的复古与怀旧，更不是造假古董，而是在保持原有古都风貌的基础上，使新旧肌体进行对比与交织，并且经常运用抽象的思维方式与现代技术手段来实现传统与未来共生。从改革开放到当今，从乡村到城镇，在对园林艺术探索挖掘的背后，处处可见孤立僵硬被复制粘贴的水泥廊亭，随意泛滥地竖立几座假山，挖一池死水，俨然地成为了所谓的园林精髓的继承，失去了相互依赖得以精妙布局的空间尺度，失去了游历其中一步一观的人文感受，如同一张毫无生气的画皮，这和现代庸俗不堪的模纹花坛、千篇一律的欧式草坪有什么本质的区别？所以，在时髦的"古为今用"的命题下，不应当再是肤浅的"城市化妆运动"，而是要将传统精粹的东西，特别是站在设计的背景下，将中国传统园林本土化的东西消化、推敲、传承、接力，融合于当代环境背景下，生成高度城市化特质的景观园区。用另一种视角来看待传统瑰宝的遗续，并用另一种手法——"园"素的解构与重组，来传承开拓。从三间院的建设可以看到，经典的造园心得要经过融会贯通才能在当今社会中发挥它的内涵价值，而三间院的探索，正是对中国园林的理性注解和思考。

扬州·小盘谷

103

（二）中西平衡

宁镇扬三市文化基因再造另一重要方式是促进中西平衡，也就是中西方文化的平衡。在全球化背景下，包括建筑在内的一切事物，都会受到全球化的影响。

1. 将历史古蕴放大到世界的平台

全球化与当地文化的保护不是一种难以调和的矛盾，当地文化的保护和全球化是不相矛盾的两个方面。相反，全球化是一种催化剂，全球化带来的外来先进文化，可以带领传统文化走到更高的层面，所以说本土文化虽然是独立于全球化之外的，但仍能实现西方先进文化与中国传统文化的融合。这一点，在三地项目规划中建设中表现的十分突出。

2. 将西方文化融入民族文化之中

任何一种文化都不可能与世隔绝，都需要从其他文化中汲取养分。建筑文化也是这样，越以积极的态度对待外来文化，越能够在同外来文化的互动交流中得到丰富发展。广泛吸纳、融汇一切外来优秀文化成果，是推动传统建筑文化繁荣兴盛的必然要求。这一点，在三地项目规划中建设中进行了广泛应用。

（三）功能平衡

一个好的建筑，首先解决的是空间与实体的统一的问题，进一步使艺术与技术的结合，最后上升到风格性与象征性。前者主要体现为物质功能，后者体现为精神功能即建筑设计的最高境界。建筑的本质是人类建造以供居住和活动的生活场所，所以实用性是建筑的首要功能；只是随着人类实践的发展、物质技术的进步，建筑越来越具有审美价值，从而建筑又具有重要的精神功能。

1. 强调建筑的实用功能

建筑的物质功能性是指建筑的实用性、群众性、耐久性。所谓实用性，即是说，建筑的目的首先是为了"用"，而不是为了"看"。即使是纪念碑、陵墓也要考虑举行纪念仪式时人流活动的具体要求。因此，一德在宁镇扬三市的项目，都将现代实用功能作为历史建设保护与更新、具有文化内涵的新建筑规划设计的重要宗旨。如文物建筑小盘谷

扬州·小盘谷

104

的保护与更新,除新增建筑具备现代功能外,原有的庭院和建筑,也都赋予了与文物建筑相应的现代功能。

2. 彰显建筑的精神功能

从当前社会经济发展状况看,写意是建筑艺术发展的必然趋势。随着经济的发展,物质需求基本饱和,最后毅然追求写意。就如其他艺术形式一样,如音乐的发展,从美声歌剧、中国戏剧,到民族、通俗,到现在出现的原生态唱法,越来越追求自由化、民族化、精神化。再看绘画的发展,无论是西方绘画,还是东方绘画,都是从写实到写意发展的。无论历史建筑小盘谷、西津渡,还是现代建筑三间院和吉山软件园,都运用建筑独特的艺术语言,使建筑形象具有文化价值和审美价值,具有象征性和形式美,体现出民族性和时代感。它们表达了自己的精神内涵,感染了观赏者,提高了人们的生活水平,这就是它最大的贡献。

三、基因再造的方式

既富有时代气息又兼具民族和地域特色的城市建筑,是一座城市有别于其他城市的风骨;反之,毫无生气的钢筋混凝土建筑,或者东施效颦地对一些名建筑照搬照抄,则会使这座城市变得平庸和缺乏内涵。有些城市本身拥有悠远厚重的传统历史文化,在城市建设中就应注重打造经典特色建筑,建设一批文化内涵深厚、反映城市精神、体现未来追求的经典建筑。建筑总是扎根于具体的环境中,受到当地的社会、经济、人文等因素的影响,也受到所在地区的地理气候条件、地形地貌和城市地段环境所制约。只有从地域中提取特色,挖掘有益"基因",与现代科技相结合,才能使现代建筑地域化,地区建筑现代化。

北京·故宫

(一)加入地域元素

建筑是一个地区的产物,世界上是没有抽象的建筑的,只有具体的地区的建筑,它总是扎根于具体的环境之中,受到所在地区的地理气候条件的影响,受具体的地形条件、自然条件以及地形地貌和城市已有的建筑地段环境所制约的,这是造就一个建筑形式和风格的一个基本点。文化是根,在建筑设计领域同样如此。南京明城汇、扬州小盘谷及三间院、镇江西津渡,在建筑设计中就有意识地从文化入手,寻求建筑设计与地域文化的有机融合。

1. 地域物质文化的影响

充分考虑当地环境和当地材料等硬件性物质文化对建筑设计的影响与要求。尊重宁镇扬三地的地理特征和生态环境,充分考虑与环境相融合,灵活地运用当地的地方性材料,使建筑成为环境的一分子,找寻天人合一的惬意。三间院的建设,不仅使用当地建筑材料,而且当地土生土长的工人所建,使得所设计出来的建筑风格一方面能本质反映生态低碳原则,另一方面也能够充分体现出地方特色,使得地域文化在建筑设计中得以充分释放与发扬。

2. 地域软文化的作用

将当地的人文、风俗、生活习惯、地域特色等软文化要求,与建筑设计进行有机融合。比如,川西地区传统的养身休闲文化,使人们乐于找寻并享用幽雅的生态环境,成都人潜意识中大多具有盆地意识,小富即安,安逸自在,喜欢循规蹈矩的生活,上班、下班、菜市场、茶馆、回家,几点一线,周末假日闲暇时到附近休闲放松,有滋有味,其乐融融,也是明显的地域文化特点。因此,在建筑设计中就要体现出文化背景设计构思感受体验这一过程,使人们在建筑中亦能享受到当地生活风情的文化习俗。

3. 西方文化的融入

在吸收与借鉴西方文化的基础上,将西方文化元素融入到地域文化中,并体现在建筑设计中,最终在建筑设计中体现对地域文化的继承与发展。要保持建筑文化的民族性,继承发扬优秀的地域文化传统,就存在一个正确对待西方文化的问题,西方文化是在当前网络信息时代无法回避的文化环境,它影响、改变着人们的生活模式、思维模式。建筑设计与地域文化的融合,并不代表我们要排斥外来的优秀文化。在宁镇扬三市项目规划建设中,尤其在空间内部装饰设计中,有意识地汲取西方先进文化的精神,利用它的科技性,使地域文化上一个台阶,发出新枝新芽,即在发扬自己本土文化的基础上,利用地域文化优势,吸收外域文化精华,滋养自己,使地域建筑文化在跟上时代的发展步伐的同时,又不失去自己的精华。

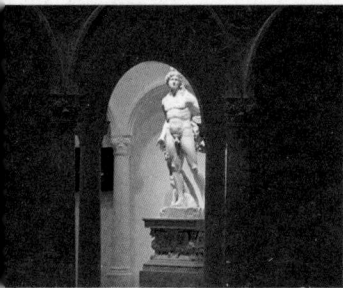

上海·世博会

106

（二）融入时代印迹

现代建筑的设计,不仅要体现现代建筑技术等物质要素,总是体现一定时期人们的审美意识、伦理道德、历史文化、情感等精神因素。当今科学技术日新月异,新材料、新技术、新结构和新工艺的广泛应用,新思想、新理念正在改变人们的空间观念和工作模式,使建筑创作进入一个新的时代。现代建筑创作要适应当今时代的特点和要求,要用自己的建筑语言来表现当今时代的设计观念、思维方式和科学技术特征。归根到底,是时代精神决定了建筑的主流风格。在宁镇扬三市项目中,无论是历史建筑的保护与更新,还是新建筑的规划建设,在传承和再造传统文化基因的同时,也将新技术、新材料和新功能融入其中。

上海·世博会

1. 借助现代技术和新材料

建筑还具有双重性,既是技术的产物,又是艺术的创作。当今,社会生活方式、文化观念、价值观念都发生很大的变化,建筑文化也呈多元化发展。建筑既要自觉继承地方建筑文化传统,提炼地域独有的文化特征,创造地研究和发展本土文化,又要注意吸收世界文化的优秀遗产,在现代建筑的共性中突出地方个性。建筑材料的发展,已摒弃了传统的"秦砖汉瓦",有更广阔的天地,特别是钢材、铝材、玻璃、塑料的应用,已打破了那种厚重的格调。色彩方面,过去那种大红、大绿的油漆,已为各种面砖、涂料所代替,这也对传统建筑模式给以很大冲击。所以不能墨守成规,从内涵上讲,比其对形式的模拟更为重要。若忽视这方面的内容和与时俱进,建筑就难免是纯形式的因袭与仿造,滞后于时代。

2. 强调现代功能

就传统承传而言,除在文化、形式上有所传承外,更重要的是与时代建筑技术与功能的结合,与当前文化发展相适应。如在小盘谷的设计建造过程,针对一些反映地方文化特色、代表地段场所特征,但结构形式却难以满足改造要求的特点,采取保留外墙面,重构内部结构的方式进行改造。在保持传统立面的基础上,进了内部功能现代化改造,使文物建筑保持本色的情况下,更大程度发挥其实用价值。

（三）打造现代遗产

城市要保持它的持久魅力,就必须注重历史的延续,倡导对城市个性特色的塑造。为此,20 世纪 90 年代后期,学者们对"文化"和"空间"产生了前所未有的重视,出现跨学科的文化转向和空间转向。一方面,在多元文化的倡导和人本主义思潮推动下,文化与建筑设计、城市规划、地理学等空间学科与日俱增地交叉渗透,出现了"文化转向"的趋势;另一方面,在后现代思潮的影响下,社会学、政治学、文化研究、文学研究等人文学科亦经历了一个引人注目的"空间转向"。建筑作为文化的重要载体,无论是历史建筑的保护与更新,还是现代建筑的规划设计,都应是创造"文化"和"空间"相融合的区域。

从宁镇扬三地项目建设来看,无论是明城汇、小盘谷、西津渡等保护与更新项目,还是吉山软件园、扬州三间院等新建项目,都将历史文化与现代活力融会贯通。一方面要充分挖掘反映中国或地域文化内涵的各种元素,展示独特的文化形象;另一方面又从城市空间结构、标志性建筑等方面着力打造历史与时代相融合的新形象,使保护与更新项目以及新建项目都成为具有古今交融的特色建筑,成为各地传承古今的重要区域,为后人留下一批宝贵的现代遗产。

总之,保留原有对象有价值的东西,剔除原有对象失去价值的东西。规划设计时,就要全面收集现状建筑资料,对历史建筑进行质量评估和价值评价,从而决定建筑的保留与否和改造措施。同时,要适应时代发展的需要,将现代理念和西方先进文化融入其中,从而创造出具有时代特征的现代遗产。

四、基因延展的保障

宁镇扬三市项目的建设,从根本上促进了城市文化及文化基因再造的可持续发展。历史建筑和文化的可持续发展,关键在于资金投入的保障、商业模式的可持续性。宁镇扬三市项目最成功的开发就是实现了区域平衡、内生增长和内涵发展。

(一)区域平衡

无论是资金平衡还是空间功能的调控方面,都以区域平衡作为历史建筑或历史街区开发的重要理念。在资金平衡方面,从"就地平衡"转向"异地平衡",通过容积率转移等方式,以异地开发的收益,来平衡

北京·故宫

历史建筑或历史街区的开发投资,这样既有利于历史建筑或历史街区的保护与更新,又在很大程度上促进了新开发区的发展。在功能调控方面,站在城市高度统筹规划,从区域的战略定位、产业定位研究开始,勾画区域历史街区的功能定位,以及新建设地区的功能布局和产业布局。这些特色是与传统的开发模式明显不同的,将视角定位于更大尺度的区域整体效益,以高标准的设施投入为基础,采取弹性的可持续的精明增长理念,以平衡历史建筑街区及其他开发地区的建设。如小盘谷与广陵新城,西津渡与西津湾等,正是这种区域平衡的积极写照。

(二) 内生增长

传统历史建筑或历史街区的保护与更新主要靠外生模式进行开发,即历史街区保护与更新主要靠一次性政府投资完成,在短期内这种模式对历史建筑的保护与更新的效果比较明显。由于物质的更新难以产生持续效益,难以为后续资金投入提代保障,同时也会因为环境改善后历史建筑周边地区产生收益外溢。内生开发以区域资源价值策划为核心,以资源内容经营为手段,对既定区域的土地、空间、产业、文化等要素进行综合性开发,最终在特定区域内完成高效率的"内生循环系统"构建,提供产业发展、城市功能、人居生活等相对平衡的空间形态。宁镇扬三市项目建设倡导内生开发理念,基本思路就是均衡历史文化保护与自然保育,首先提供可适性强的总体规划框架,实施可持续性开发策略,通过为企业后续发展提供足够空间等措施,为历史建筑的保护创造更多持续性经济效益,增强历史街区可持续发展能力。

(三) 内涵发展

在注重建筑形的同时,将建筑"神"放在突出地位。无论是历史建筑还是现代建筑,如何在传统文化和现代文明之间找到一个契合点是很困难的。宁镇扬三市的项目规划建设,是将建筑文化和商务价值观植根于三地本土的文脉之中,在"山、水、城、林"之中体会都市生活的惬意。如吉山软件社区的建设,集中体现了吉山强调文化底蕴与产业特征的融合,秉承"新中式研发办公"精髓,注重中国传统建筑文化和现代西方建筑空间理念的结合,将庭院和坡地全面融入其中,营造充满智慧气息,神形兼备,体现灵感激发、智力创造的商务公园。通过创造静谧、开阔的空间等,为办公人员创造冥想的意境,通过打造优美的自然环境、独特的景观等,成为激发办公人员的灵感的源泉;通过营造知识的氛围、艺术的气息等,启迪办公人员的创造智慧,从而让园区具有持久的竞争力和生命力。

(四)政企联合

南京

项目建设开发采用政府和企业联合开发模式,即政府掌舵、企业划桨。传统的以城市建设为主要内容的城市发展,基本上是由政府主导的财政投资推动,这种政府主导模式是快速城市化的要求,但是在效率、集约、可持续方面的弊端也是显而易见。通过多年实践,一德集团在与政府相互合作中,形成了一种新全新的政府与企业合作开发模式——甲方总体模式。

"甲方总体"模式的基本定义是:由多元化经济成分的专业性商业机构,在政府领导下,经政府授权委托,就经营项目的建设和运营,按国际市场经济价值准则和市场经营规则,实施全程性总体责任统筹。由于该机构不是以向甲方(政府)出售产品获取利益,而是站在"甲方价值诉求"的立场上,就项目的建设和运营,向甲方提供咨询、策划、管理、运营等全程总体统筹性服务,因而称为"甲方总体"。新城发展股份有限公司按照"甲方总体"与政府合作开发,不仅体现了政府工作的转型,也行之有效地为企业和社区的发展提供了与政府协作的渠道,这将会避免产业发展方向的偏差,对及时应对市场的变化起到至关重要的作用。甲方总体强调合作方利益的一致性,并通过契约化的方式保证原来的"乙方"必须以追求甲方利益最大化为基本的行为逻辑,从而保证自身利益的最大化,由此一来,原来存在于甲乙方的博弈成本则被大大降低,从而也使合作各方不同属性的目标(如政府长期的社会治理目标,企业短期的、经济性的目标)得以有效整合,实现多赢格局。"甲方总体"模式有效地设定了政府与企业的游戏规则,其中包括实现各自目标的机制,政府对过程的参与机制,运作过程的披露机制,多种机制的存在保证了甲方与参与者的利益最大化同步实现。

甲方总体模式主要包括"政府主导、统一规划、市场运作"三个原则。政府主导是按照总体规划确定开发目标、重点建设项目、建设品质和建设进度目标,通过授权委托选择区域开发实施主体,审批区域开发总体规划和控制性规划,审查批准开发成本和熟地土地出让价格,对土地主持公开招标和挂牌出让,建立开发管理和协调体系,对区域产业出台支持政策等等。统一规划则是根据总体规划和政府确定重点项目的空间布局和功能定位,审查批准控制性规划和城市设计,审查批准修建性规划,审查批准区域开发建设的专项规划(电力、景观、市政、道路等)等等。而区域开发的战略策划、投融资、规划设计、征地、拆迁、市政基础设施建设、城市功能配套设施建设、景观环境建设、区域整合传播与招商、为二级开发企业服务等全部由企业以市场化方式完成。

扬州·广陵新城

第七章　企业家文化责任与良心

　　城市文化的传承与再造,离不开企业家的投资与开发。在市场经济条件下,一方面部分企业为了追求利润的最大化,而于城市的历史文化而不顾;另一方面,也有企业为了迎合顾客文化消费的心理,被动参与到文化发展之中,而实际上对城市文化基因的传承和再造作用十分有限。因此,企业家对历史文化的挚爱、对保护民间文化遗产的强烈责任心,以及对保护中国传统文化的自觉意识,对一个城市的文化基因传承与再造意义重大。

一、文化发展与企业家

(一)文化是十分宝贵的,也是很尴尬的

　　文化是一个社会智慧的积累、成长过程的记忆,以及民族的基本属性所在。迄今为止,一个社会,一种文明,无论是在世界的横断面,以及纵向的历史中得以识别的关键是其文化特征,财富充其量只是其中的一个参数而已。社会的进步会体现在多个方面和多个层面,诸如经济总量的提升、技术进步、社会制度的变革,以及基本人权的拓展等。在这些变化中,文化都在社会意识的最深处,发挥着重要影响甚至主导效应,而这些多维度多层面的变化,反过来又积淀为文化,表现为文化本身的演变。

　　从广义的角度看,社会的进步本质上就是文化的进步,在这一点上,人们并无太多的歧义,但如果从狭义的角度,即把社会进步仅仅理解为经济水平或科技水平的提升,那么,文化往往会以"无用",甚至是"成本"的面孔出现。在前者,由于人们意识不到社会进步与文化演变的关系,因而专注于经济或科技,从而使社会在精神和物质的发展方

面严重失衡；若为后者，则后果更加严重，当文化保护与文化发展与经济要求不相吻合，或发生冲突时，经济的利益相关者会运用种种力量，将文化问题搁置，甚至将代表文化元素的人文环境、地理空间，以及器物载体等加以毁灭，以清除经济建设道路上的障碍。这种情形的出现，在很大程度上是因为以下原因：

（1）整个社会的价值观体系失衡，致使文化保护和文化发展被深度地忽视或遗忘，这个社会所拥有的知识不足以使人判断社会进步与文化之间的关系。

（2）这个社会的中坚群体对该问题没有清醒的认识，致使该群体在追求自身目标的过程中，可以利用所掌握的社会权力，把文化问题当作障碍加以清除。

（3）在一个高速发展的社会环境中，人们尚未找到合适的方法，有效解决经济发展这一短线问题与文化传承这一长线问题之间的两全之道。在当下的中国，上述三种情形同时存在。

（二）企业家是精英群体，也是强势群体

之所以把企业家称作是中国社会的"精英群体"和"强势群体"，是因为企业家群体的三个特征，即创新精神、财富和社会影响力。

企业本身就是创新的产物，而企业家之所以成为企业家，首先就是因为他具有创新精神。创新是胆识和智慧的结合，尤其那些成功的企业家，他们拥有机遇和财富，企业家无论是在先天意义上，还是在后天意义上，都是社会的优秀分子和幸运儿，是社会进步力量的主要代表。

北京·午门

企业家首先是他所设立的组织的领袖。企业本身就是最重要的组织形式。德鲁克认为：企业是 21 世纪也许是未来很多个世纪最伟大的事业，也是最重要的社会组织。"截至 2010 年，苏宁电器连锁网络覆盖中国大陆 300 多个城市，并进入中国香港和日本地区，拥有近 1500 家连锁店，员工 15 万人。"从类似的数据可以看出，企业管理本身就是社会管理的一个重要组成部分。企业家在企业内部倡导的文化、推行的制度，以及各项管理，本身也是社会演变的一个重要的源流。

不仅如此，企业家在经营和过程中，还必然会和其他的社会主体

合作,以谋求进一步的影响力,今天我们目之所及,企业家们在他们的企业之外做了大量的事。其中既有如冯仑等人的著书立说,王石大力塑造公众形象,也有如陈光标致力于慈善,以及王功权的关注政治,凡此等等,不一而足,这些事实都说明了一个简单的道理,那就是企业家的影响力绝不限于企业的院落之内。

由此也就不难理解,企业家作为一个群体,他们不但是财富的创造者,同时也是思想、潮流的引领者,并且通过与官员、学者等社会精英的结合,他们在很大程度上影响着国家治理。企业家群体的影响力随着市场经济的发展,并向逐渐向其他领域辐射。2007 年胡润百富榜上榜的 500 位企业家中,有 35％是中国共产党员。前 100 位中,有 19 位全国人大代表,19 位全国政协委员。正如柳传志所言:"现在企业家对社会的影响还主要是在经济领域,但逐渐地还会产生对政治、文化产生影响力,因为经济改革之后还会不断进行政治体制改革,也会进行文化的改革,由于企业家对经济有影响,有这个基础,必然会对这方面产生辐射……我觉得中国的企业家应该而且一定会形成正面的政治改革的力量和文化改革的力量。"

文化保护和企业家群体之间的关系可以从以下几个方面加以分析。

第一,文化所面临的很大的困境是因经济而来。无论是因为城市发展、土地开发,以及经济项目的建设,很多文化的代表性载体被毁灭是因为挡了经济的道。而企业家正是经济领域重要的操盘手,他们开着一台名叫"经济发展"的铲车,消除那些挡住他们视野的文化符号。

第二,在中国经济至上的体制规则中(政治除外),掌握财富的群体拥有更多的社会资源和话语权,他们可以与官员推杯换盏,与专家学者等社会精英坐而论道,凡此等等,不一而足。如果说第一条原因决定了企业家是破坏文化的责任人,那么这一条的意思则表明,企业家还必须责无旁贷地充当保护文化的责任人。

第三,企业家因创新而来,具有很好的聪明才智,这些聪明才智也足以使文化意识觉醒了的企业家在经济和文化的结合部进行创新,探索出新的文化保护路径来。从这一点上说,文化保护又是企业家的社会良心和道义所在。

二、社会发展与企业家

（一）对权力寻租者的迎合

我国的制度性质决定了有大量的资源，或资源的实质支配权力集中在政府手里，而经济和社会的双重转型带来了巨大的"体制红利"，权力的干预，可以造成巨大的资源价差，从而形成一般市场手段无法企及的获利空间，这种体制红利当然是相对于部分群体而言。这一事实的存在，既给了官员巨大的寻租动力，也使企业家们主动地或被动地专注于体制的缝隙，迎合寻租者，通过贿赂官员获得低价资源，或获得提供劣质高价产品的特权，以获取回报。

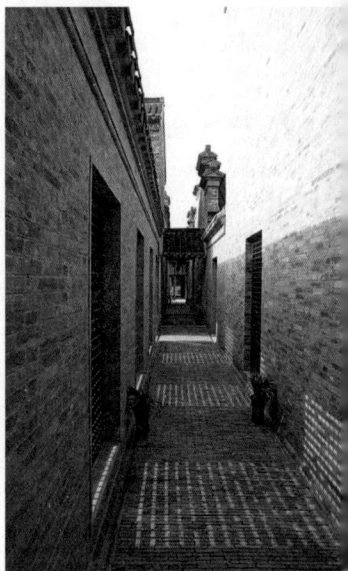

扬州·小盘谷

根据学者不同阶段的估计，中国租金总量占 GDP 的比重始终保持在 20%—30%，巨额租金的存在诱导着人们把大量宝贵的企业家才能用于寻租活动（吴敬琏，2008）。总的来说，在我国新旧体制转型时期，由于政府干预经济太多，我国的企业家要把许多精力用于寻租及相关的信息和知识积累，在生产经营活动中，又要把许多时间和精力用于寻租方面。

企业家的这种行为在很大程度上实现了自身与官员对体制红利的分享，这种行为反过来又进一步放大了体制的弊端，差不多造就了一个社会阶层的体制红利既得群体，成为社会进步的顽固障碍。在这一点上，企业家即便不承担第一责任，也应该承担主要责任。

（二）对社会精英们的收买

除了贿赂官员获得体制性资源价差外，企业家为实现超额利润，还有计划地策略性地收买知识的所有者、社会良心的代表——知识分子，部分操守欠佳、行为不端的知识分子，已经使"专家"一词的语义变得猥琐可笑。在医疗保健广告中冒充专家的伎俩已经是小儿科了，"顶级专家"、"名医"、"名师"，以及知名高校，纷纷放下身段，"妆罢低声问老板，画眉深浅入时无"，这一行径最大的祸害在于把传统社会中操官观念最强的群体中的一部分人，变为财主们的奴婢，在名利场上不顾名节地裸奔。

2010 年 6 月,中国青年报社会调查中心通过民意中国网和搜狐网,对 5492 人进行的一项调查显示,尽管 44.8％的人遇到重大问题仍愿听专家观点,但仅 6.5％的人相信专家权威且值得信赖。调查中,79.6％的人觉得是因为"部分专家缺乏社会责任感,为利益群体代言";72.3％的人认为"大量'伪专家'充斥专家队伍,素质良莠不齐"。中国青年报称:社会精英的良知缺乏已经碰触到底线,被滥用的专家已经透支了整个社会的公信力。

企业家对知识分子的收买所造成的危害甚至远大于对官员的贿赂。因为前者还处于政治和经济的层面话,那么后者则直接动摇的是中国文化体系中的支柱:如果这些德高望重的权威们撒谎,那么还有谁可以相信? 在此方面用心过深的企业家们,在知识分子堕落这一问题上是难辞其咎的。

(三) 对弱势群体的漠视和剥夺

带着从官员那里买来的二手(有时甚至是一手)权力,以及纳入麾下的专家们的齐声唱和,加上中国社会腐朽文化(权谋论、皇帝情结等)的浸润,企业家们的内心快速膨胀。面对弱势群体,企业家们变得自负而且险恶。这种自负一来表现在他们自认为聪明到足以欺骗社会,二来更在于即使被揭穿,依然有恃无恐。这种心态一方面可以透过企业和企业家本身的行为观察(紫金矿业污染事件、康菲漏油事故、各类强拆案件,等等),另一方面也可以从频频发生的"富二代"炫富乃至于草菅人命的事例中,推断企业家们都向他们的子女传达了怎样的社会理念。

> 2010 年,矿难事件仍在中国接连不断的发生,据中国煤炭资源网统计,自 2010 年 1 月 5 日至 2010 年 12 月 7 日,中国发生重大矿难事故 23 起,死亡 522 人。2010 年,紫金矿业污染事件在几个月之后以行政处罚作了尾声,但对于附近水域的严重污染,给水产养殖户带来的损失,却始终没有给出合理的赔偿方案;而在大连湾漏油事件里,中石油一句"次要责任"把自己擦得干干净净,没有给当地受灾渔民任何赔偿,更不用说担负生态破坏的责任。

此外,还有诸如"毒奶粉""假疫苗""楼躺倒"等等事件,无不灼痛了我们的双眼,震撼了我们的心灵。如果企业所创造的财富是以工人的生命、以环境的破坏、以漠视其他群体利益为代价取得的,那么企业又与刽子手有什么区别呢?

——陈圣莉:中国需要什么样的企业家精神

温家宝总理已经几次要求企业家血管里多流些道德血液,最近更指出:"我国改革开放 30 多年来,伴随经济社会的发展和民主法制的推进,文化建设有了很大的进步。同时也必须清醒地看到,当前文化建设特别是道德文化建设,同经济发展相比仍然是一条短腿。举例来说,近年来相继发生'毒奶粉'、'瘦肉精'、'地沟油'、'染色馒头'等事件,这些恶性的食品安全事件足以表明,诚信的缺失、道德的滑坡已经到了何等严重的地步。一个国家,如果没有国民素质的提高和道德的力量,绝不可能成为一个真正强大的国家、一个受人尊敬的国家。"

尽管中国的企业家中不乏有信仰、有道义的人士,他们的存在大大完善了整个社会环境,但上述种种情形不但存在,而且十分普遍。可以说,中国企业在承担社会责任方面尚未真正起步。企业作为一个总体,尤其是不能洁身自好的企业,他们对社会输出的是负的外部性。这是中国企业家难以为公众认同的主要原因。

三、文化:想说爱你不容易

与错字相比,故宫近日"建福宫成私人会所"一事更受众人关注……从现在的"私人会所"到几年前的"星巴克入驻",商业如此渗入故宫博物院还是令人感到遗憾。……尽管故宫商业化始终受到一些专家、媒体和民众的批评,但由于国际上也有相似的案例,因此并没有得到全盘的否定。即使如此,当年星巴克的入驻还是得到了全国的关注。2007 年,这家来自美国的咖啡连锁店终于退出了"中华中心之地",但其原因并不是"文化遗产的胜利",而是故宫当时规定内所有的经营网点须使用故宫品牌,星巴克因不接受该规划,于合同到期后撤出故宫。当年故宫设定的《故宫博物院商品准入办法》，意味着故宫对于商业化迎进来的态度。迎进来可以，但是不能让商业来影响甚至主导我们的共有文化遗产。

本身颇具盈利能力的故宫博物院，在商业面前不得不委曲求全，更不要说其他一些纯靠财政拨款的文化遗产单位，文化遗产在商业利益面前的确显得很弱势。几乎就在"建福宫私人会所"被曝光的同时，杭州开发商在南宋皇城遗址上建豪宅被举报公开，若不是此举，这些千年遗迹也将在几个月后彻底埋入地下。文化遗迹和商业利益，其实是长期和短期效应之分、精神和物质文明之别，当北京故宫、杭州皇城纷纷在商业利益面前趔趄的时候，应该反思的是一些体制内的问题以及社会的浮躁心理。

（来源：《青年报》文章《文化遗迹，商业利益面前的弱者？》整理，有删节）

在北京故宫卷入"会所"舆论漩涡的同时，南京的宋美龄别墅也被指变身"高档餐厅"，做着迎来送往的生意。虽然故宫方面否认，宋美龄别墅也计划交还中山陵园管理局，但这一系列事件只是中国文物正在遭遇商业开发侵蚀问题的"冰山一角"，给文物保护敲响了警钟。

在杭州南宋皇城遗址之上，一个豪宅楼盘竟在未获得施工许可的情况下开工一年多。项目所在地杭州馒头山东麓，是南宋临安皇城遗址，早在2001年即被国务院确定为全国重点文物保护单位，2006年又被列入"十一五"一百处重点保护遗址名录。目前，施工地基已经挖到地下十米，破坏已然造成。

专家在太湖文化论坛上指出，如何破解文物保护与商业开发的矛盾，解开"保"与"建"之间纠缠的"死结"，是中国文物保护领域亟须破解的难题。（来源：《澳门日报》文章《行业利益侵害文物保护》整理，有删节）

文化是一个民族的记忆和精神所在，为什么我们会在这样的一个经济富足的年代里（2010年中国GDP总量全世界排名第二），竟然至于焚琴煮鹤，置自己的前生来世于不顾呢？除了在短线视角上，文化与商业利益的不兼容外，文化本身的模糊性也是一个问题，这种模糊性使大多数人不知文化为何物，保护文化则更无从说起了。

（一）文化内涵与外延的模糊性

几乎各种论著都指出，"文化"有广义与狭义之分，如《中国大百科全书》的社会学卷（第 409 页）说："广义的文化是指人类创造的一切物质产品和精神产品的总和。狭义的文化专指语言、文学、艺术及一切意识形态在内的精神产品。"哲学卷（第 924 页）说："广义的文化总括人类的物质生产和精神生产的能力、物质的和精神的全部产品。狭义的文化指精神生产能力和精神产品，包括一切社会意识形式，有时又专指教育、科学、文学、艺术、卫生、体育等方面的知识和设施，以与世界观、政治思想、道德等意识形态相区别。"

南京·城南

尽管我们通过辞书可以查明文化的基本定义（即令如此，也存在着多家之言），勿庸讳言的是，对大多数人而言，尤其是在中国这样一个整体国民素质不是很高的国家，文化无论在内涵上，还是在外延上，都是十分模糊的。这种内涵和外延的模糊，直接导致了文化保护与文化发展的困难。

例如文化在外延方面的模糊性，就导致了对文化器物识别和认定的困难。以南京"老城南"片区的改造为例，政府官员、专家学者，以及大众百姓的观点差别甚大，官员看到的是城市发展，专家学者纠结于文化的存续，而百姓关心的自身生活条件的改善。即使在三个群体当中，如学者群体中，也是众口不一，哪些是文化载体、哪些不是，即使是文化的重要载体，在新的社会环境中该如何对待、开发、利用等等，即使精英们进行充分的讨论，也未必能达成集中的观点，把这一问题置于城市层面，置于社会层面，则观念更是大相径庭。

《南京老城南改造争议 4 年未决　温家宝两度批示》：今年（2009 年）4 月底，29 名专家学者上书呼吁，南京历史文化名城保护告急，温家宝总理作出批示。

其实，早在三年前，16 位国字号文保大师和学者上书国务院，恳请立即停拆南京老城南后，温家宝就作出过批示。

6 月 5 日，住房和城乡建设部与国家文物局，组成联合调查组，前往南京调查。18 名"上书"代表受邀参加评议，诸多意见直指南京市政府近似"推平式"的旧城改造方案。

到底该如何改造？在城市建设和文物保护中该寻找怎样的平衡？这是一个涉及民生改善、文保尴尬，甚至政治考量的复杂命题。

——新京报

福州的三坊七巷是近年来国内进行文化保护和文化开发的重要范例。但只要简单浏览，就可以看出，目前的三坊七巷只是一个静态的器物，街区管理方虽然善意营造商业氛围，但无非就是土特产商店，这种商业形态在街区内部就已经形成了档次和业态的同质化，其前景也就可想而知。

（二）对文化传承与发展的认知

与文化关联程度最高的几个动词有：发掘、保护、开发、保护性开发、利用等。这些动作所代表的行为直接反映了我们对文化的认识和态度，但是每一种动作所代表的文化策略又都缺乏鲜明的价值主张和实施策略，其中相当的又是拉大旗作虎皮，以文化之名，行功利之实，什么酒文化、性文化等等，把文化搅成了一潭混水。这也是我们当前文化保护和文化发展问题的困境所在。

先说挖掘。挖掘是一种文化的寻根，照理说未尝不可。但我们往往看到的挖掘是以官员为代表的群体主导的。这种挖掘往往存在着两个方面的悖论，第一是对眼前的文化视而不见，穿凿附会，空穴来风，去寻找什么文化概念；第二是用短线的心，做长线的事。大多数主政者对文化的挖掘都只是为了在政期内创造效应，要么是地区品牌炒作，要么是所谓的"文化搭台，经济唱戏"。这样的挖掘对文化是一种嘲弄，到最后只能是一场场闹剧。

《李白故里之争使两城市扬名　效果超过央视打广告》：江油、安陆两地政府多次直接、间接"对话"，政府官员强硬表态，广告播放一波三折，中央电视台、国家工商总局"卷入"其中，两个寂寂无名的县级市随即名扬四海，李白成了超越文化的金字招牌。

——《中国经济周刊》

《山东安徽两省三地争夺西门庆故里》：基于中国古典文

学名著会给地方带来巨大文化旅游收益的考虑,与围绕《红楼梦》引发的曹雪芹故里之争类似,另一部名著《金瓶梅》引发了两省三地的"西门庆故里之争",具体涉及山东省阳谷县、临清县和安徽的黄山市。

近十年来,三地都纷纷举起"西门庆故里"招牌,竞争不息,西门庆也被一改在传统文学名著中"大淫贼、大恶霸、大奸商"的艺术形象,华丽转身成为当地政府追捧的文化产业英雄。

——《中国经济周刊》

其次是保护的问题。保护也是一个分歧较大的命题。文化的"原教旨主义"者认为,保护就是原模原样,甚至是破败的原模原样。且不要说作为文化载体的器物的"原模原样"到底是什么样,就保护这个词来看,它包括了两重含义,即:不许动、不许用。这两个意思基本排除了文化更新以及与鉴赏主体接触的可能,所带来的结果只是该器物的消亡。所有需要保护的东西终归都会灭亡,因为它只消磨,不更新。而一旦文化脱离受众,变成单纯的保护对象,其存在的意义也就值得商榷。

在此不妨借用经济学上犀牛与黄牛的例子加以引申。犀牛是野生动物,具有强壮的体魄、厚厚的皮以及强有力的角,尤其重要的是,它们是受法律保护的。黄牛则不然,黄牛是被饲养的,人们吃黄牛的肉,用黄牛的皮,黄牛的其他部位也都用来做成了商品。一个现实的结果是,黄牛满世界都是,而犀牛则快要灭绝了。原因何在?因为黄牛是商品,而犀牛不是。作为商品,只有要消费者,这个商品就会大行其道。犀牛虽然受法律的保护,但依然日渐灭绝,就是因为它们与消费者之间没有合理合法的消费关系。从这个例子可以看出,如果没有广泛的受众支持,那么所谓的"保护",永远只能是一条不归之路。

基于对"原教旨主义"者的迁就,有人提出了"保护性开发"的策略,意在求得两全之道,但问题的复杂性也由此而来。如何平衡保护与开发?原教旨主义认为保护不够,而商业主体则认为开发得不够,其他的旁观者则认为不伦不类。等等。究其根本,我们对于自己到底想要什么,依然是没有拎清的。

综上所述,对文化这一关系到社会命脉的关键资源,我们应该如何传承、如何发展,并没有清醒的认识,这种认知层面的混沌是导致文

南京·门东

121

化被置于弱势地位，以及经济的从属地位的重要原因。

四、文化与经济的辩证统一

（一）文化与商业利益的对立性

南京·城南

从当前普遍存在的情形来看，当文化遇到经济时，其命运不外乎以下几种：第一，直接被当作障碍清除掉。虽然官员和商人们并不会明目张胆地打出反文化的口号，但在实际操作中，各方主体心照不宣，一起努力，想方设法把"文化解决"掉，好保证项目建设的成本和进度；第二，对文化载体进行改造，使之满足商业运营的需要，这也是很多"保护性开发"得以应用的地方。由于以商业诉求为核心，因此这种改造在很大程度上是长官意志和商业逻辑对文化的强奸，改造后的文化其实已经被毁灭殆尽了。第三种，文化因其自身的特性，恰好能为商业带来利好，因而得以保全，甚至还能借着商业的缘份得以"重塑金身"，但终不免被商业包围，使得有心欣赏的人也要突破重重包围，才能见文化一面。

产生这种结果的原因是什么？客观地说，尤其是在短时间范围内，文化确实有和经济或商业冲突的地方，原因在于很多文化，尤其是需要保护的文化，不能创造商业回报。在古代的泰国，白象只能用来供养，不能劳动。由于花销巨大，即使是贵族也养不起，赐予大臣白象其实一种惩罚手段，既是宝物又是御赐，那么大臣就的更好地供奉白象，于是家道很快就衰落了。文化在很多方面的特性和白象有些类似，企业家们当然不希望被赐予这样的白象，因此一旦遇到了需要保护的文化，自然就会心生纠结。

另外，文化包含着多种题材，既有面向大众，也有面向"小众"，或者原来是面向大众，而现在是小众群体的欣赏对象。但凡需要保护的文化，则因历史演变原因，可能在当今社会已经没有欣赏主体。而商业则不同，商业必须紧扣时代，把握当下的人群的需求，而且在受众上力求面广量大，争取更多的买单人群。所以受众群体不能协同，是文化与商业的又一个谈不拢的方面。

还有，如果放在长远来看，文化本身也是有显著的商业价值，这表

122

现在文化对特定载体,甚至是区域的价值的巨大的拉动作用。但是商业投资都要求有可以接受的投资回报周期,文化载体的回报周期往往会超过商业机构的极限,因此文化和商业的对立又表现为长线回报与短线回报的难以协调。

以上分析可以看出,文化不招企业家的待见,其原因在于文化的特性与企业家的追求有较大的偏差,这是文化保护的难点所在。

(二) 文化与商业利益的协同性

文化来自于人,也吸引人,而人,也正是一切商业模式和商业手段所要追求、所要满足的对象。因此,从这一点上说,文化一定与商业在某种程度上有契合之处。

仍然参照现实中的例子,在很多"真文化"、"真文物"被毁掉的同时,大量的假文化、假古董却纷纷新鲜出炉。由此可见即使是对文化"辣手摧花"的人,也并不否认这样的道理:文化可以出政绩,文化可以出效益。

文化与商业的协同性首先表现在对人群的号召力上面。以西藏为例,无论是旅游,还是朝圣,如果不是雪山佛国神奇的魅力,任何商业广告都不可能有如此的号召力,让人们从天上、从地上,从各个方向,承受着缺氧的痛苦和沿路的艰辛,到这个地方来。在布达拉宫,在八角街,熙熙攘攘的人群会令商家垂涎。其他的文化尽管有形式和程度的不同,但对它们的"信徒"都有着不可抵挡的吸引力。另一个尚未发生的例子是南京的大报恩寺重建工程,一旦大报恩寺重建完成,供奉佛骨舍利,届时将有无数信徒和观光客,从世界各地涌向大报恩寺,可以想见该地区的商业将是何等场面。

其次,文化还奠定了商业的品位和识别性。尽管商业的诉求只在利益,但是成功的商业往往都会有鲜明的文化主张。商业产品或服务中是否有文化元素,是其品位和独特性的标志。而且,也只有建立在文化层面上的差异性,是不可模仿、不可替代的,而这两个特性也正是商业价值的核心。苏州的观前街、上海城隍庙、南京夫子庙,以及无锡灵山大佛等,正是由于独特的文化元素赋予的独特性,才使得商业长盛不衰。

第三,文化本身也可以就是商业,即文化产业。文化产业的发展,极大地推动了文化对经济的介入以及文化与经济利益的协同。"文化"与经济的结合,衍生出现代汉语中大量的新词汇和新概念,如文化资

越窑青瓷

源、文化产业、文化经济、文化市场、文化企业、文化经营、文化旅游等等，这一系列新词汇新概念在实践中的运用产生了与之相关的各种新的产业领域和经济热点。北京、上海、深圳等城市文化产业增加值占当地GDP比重连续两年保持在10％左右，文化产业已经成为这些地区名副其实的支柱产业，成为城市新的经济增长点。发展文化产业符合城市发展的绿色、低碳要求，既能为城市经济发展提供新的动力和增长点，又能提升其他产业的创造力，培养创新人才，还能提高城市居民精神文化素质，间接拉动旅游、休闲、电信基础设施等现代服务业的发展。

　　前不久，《人民日报》刊登了《车流与噪音彻夜不休凤凰古城太"闹"了》一文，批评了凤凰古城灯红酒绿、噪音连天，在旅游开发中过分热衷于现代时尚消费项目的现状。文章在人民网网友中引起了共鸣……不过，对许多人由此而痛诋商业化，认为要挽救古城就必须祛除商业化的观点，我却不敢苟同。理由无他，就在于这种想法仅仅是一种情绪的宣泄，在今天这样一个商业无孔不入的世界，并无任何实现的可能性。更何况，这种想法其实还反映了现代人的自私心理：只是想让古城原汁原味地保存着，作为自己欣赏和把玩的对象，却完全不考虑古城的居民也是一种主体，也渴望享受现代物质文明。不让他们搞商业，让他们靠什么提高自己的生活水平呢？凤凰古城的问题，其实并不在于什么商业化，而在于这里的商业完全是外在于古城的，商业遮蔽了古城，强占了文化。而之所以会出现这样的现象，又是和凤凰的开发模式有关，比如凤凰县政府以8.33亿元的价格，将古城八大景点50年的经营权，打包出售给了一家旅游公司，这样开发的结果，文化当然就成了商人的俎上之肉，只能任人宰割了。
　　——据《中国青年报》文章《文化与商业并不是死对头》整理，有删节

　　从文化与商业的对立协同来看，文化在属性上确实与商业有难以调和之处，但在几个重要的方面，即聚集人群、定义差异性、文化产业等方面，文化与商业又是高度协同的。鉴于文化的长线特征，"久已在此"，需要动脑筋的是商业，商业应根据文化的内涵、形态等，决定自身

的定位和运作方式,才能把文化对商业的促进作用发挥到位。

五、企业家承担文化保护责任的策略

无论文化保护具有何等重要的意义,以及当前的情况如何迫切,只在理念和思想层面上反复认证无益于相关事项的推进。要想让企业家承担起切实的文化保护责任,还必须有明确的、可行的策略安排。

(一)企业家的社会责任感

熊彼特认为,企业家除了促进经济发展的创新功能外,企业家还有一个特殊的社会功能,那就是社会领导的功能。他指出,企业家社会领导的功能表现在两个方面:经济方面和非经济方面。企业家在经济方面的领导作用具体地体现在引导"生产手段进入新的领域"。非经济方面的领导作用则体现在道德、文化和社会的变迁上。

上述观点表明,企业家精神的内核或者核心,并不仅仅局限于创造物质财富的经济方面,企业家还在制度创新、社会组织及其结构的改善、价值观及道德观念的传播、社会文化变迁等等领域发挥着重要的作用,而且这些作用正在随着企业影响力增大而不断放大。企业家(及其创造和管理的企业)不但是物质财富的创造者,同时也是精神财富的创造者,不仅是经济领域的创新,推动道德、文化和社会的变迁,以及承担相应的社会和文化责任,履行道德义务,这些都应该成为企业家精神的重要内涵。

说得再简单明了一些,那就是企业家因社会的培育而成长,反过来他们也应反哺社会。因为企业家的存在和努力,社会变得更加美好,说到底,企业家应该为社会提供正面的外部性。

(二)企业家的历史认同感

所谓的企业哲学,就是要回答企业存在的终极目的是什么,并回答用何种手段实现这样的目的的问题。企业哲学是企业家个人价值与企业价值乃至社会价值深度契合的产物。企业家的成功首先是在企业中的成功,同时也是在社会大舞台上的成功。正如王石曾经说过

南京·朝天宫

的："对于企业家来说，什么叫做成功？不仅是你个人做的很好，而且你要对社会的其他一些利益相关者承担你的责任。这是因为你掌握了资源，你有一定的社会影响力。"那么，在中国的当前的社会环境下，我们的企业家会有怎样的人生哲学和企业哲学？

从历史层面看，在儒家文化的教化下，在中国的精英群体中，尤其是士大夫群体中，存在着一些普遍认可的价值观，如"修齐治平"等，这些价值观又进一步影响了中国的主流人群。

而从现实情况来看，贫穷是很多中国人的记忆，摆脱贫穷则是我们的梦想所在。今天我们虽然拥有世界第二的经济总量，但我们的人均 GPD 仍然倒数（127 名），上世纪 50 年代的饥荒离现在也就一代人的时间，这些简单的数据可以说明我们基本上还处于马斯洛的需求层次的低端层面。

所以，对于大多数企业家而言，企业存在的目的是显而易见、不证自明的，那就是——赚钱。如何赚钱？当然是怎么好赚就怎么赚。所以他们铤而走险、背信弃义，烧掉道德的房子只为煮熟利润的鸡蛋，所以他们才有对财富偏执和炫耀，把整个社会的价值观化而为单一的财富观。从这些企业家的主要作品——富二代的身上，我们可以很清楚地看到，他们安装的都是什么样的"操作系统"，当然，我们也很清楚，所谓的可持续发展意味着什么。

有鉴于此，我们必须对企业哲学进行反思，对目的和手段进行深度思考。如果人一个存在于社会应该对社会有益的话，那么企业的存在也是一样的道理，也应该对社会有益。这种有益的行为和结果的产生，并非仅仅因为是法律的要求、商业主体的压力，而应该是企业家的内心追求。

盛稻和夫不仅是日本一个成功的企业家，而且是非常著名的思想家，其创立的"敬天爱人"的企业经营哲学，汲取了佛家文化的营养，在日本的企业界、经济界和理论界都影响颇深。他曾经写过一本名为《人为什么活着》的著作，书中广泛探讨了宇宙、宗教、灵魂、人生、价值等命题，他的经营思想无不来自于他对于宇宙、社会和人生的思考，而企业经营反过来正好可以给他提供实践他人生哲学的场所。很大程度上，就是这种人生价值与企业价值的深度契合才成就了他今天在企业界的地位。如同稻盛和夫先生所说的，企业经营者的人性、人格对企业的经营是至关重要的。必须要有高尚的品德，才能展开很好的经营。

在中国经济获得了巨大发展的今天,越来越多的人开始意识到社会的文明程度不仅仅取决于财富和金钱,更取决于整个社会,特别是社会精英群体坚守的精神和信仰。而且,后者更是前者得以持续发展的最关键的支撑点。

(三)企业家的人文情怀

若以改革开放三十年的历程看,在早期进入企业家队伍的,多半是社会的边缘人群。回城的知青,在体制外围谋生的人群,到后来又有下岗人员,甚至还有"山上下来的",这些人所构成的企业家群体,其素质可想而知。又由于传统中国文化的轻商思想,学而优则仕,"根正苗红"的人一般不愿意委身于商贾之流。所以时至今日,虽情况大有改观,然而企业家群体中的高素质人群的比例依然较低。所以,若要企业家承担起保护文化的责任,则首当其冲的要务是培养企业家自身的文化素养。

这种培养应使企业家了解自己的民族,了解文化的内涵,了解文化对于当今社会,甚至未来社会,我们的子孙的成长有何种重要意义,当然,这个培养的过程肯定是漫长的。在这一点上,我们应该热情地鼓励企业家创办文化产业,并广交知识分子朋友,使之各显所长,各取所需。

即令这种文化素质的培养远水不解近渴,我们也应该大张旗鼓地表明文化的重要性,以使国民,尤其是企业家,哪怕不了解文化,但能够对文化表现出应有尊重,也使他在遇到文化与商业的冲突时,能够审时度势,三思而行。

(四)文化利益合作与制衡机制

管理学角度的利益相关者就是指任何能影响组织目标实现或被该目标影响的群体或个人(Freeman,1984),或是受一件事的原因或结果影响的任何人、集团或者组织(Bryson,Crosby,1992),或任何能影响或为组织行为、决策、政策、实践或目标所影响的个人或团体(Carroll,Buchholtz,1999)。

我们要讨论的"文化利益相关者",则是指与文化资源或文化载体的发掘、保护、开发、使用等有密切关系的个人或群体。因为文化利益相关者的相关研究很少,本文也无意对此进行精确的界定,故仅在此列举一些文化利益相关者以及它们的一般性特征。

政府。政府在城市建设中承担主要职责，而城市建设是一个多维度的工程，其中包括了经济发展、民生、文化保护与开发等方面。在涉及文化的问题上，政府的角色重要性丝毫不亚于企业家，一个大大的"拆"字，令多少文化古迹香消玉殒。除了城市建设本身的需求，政府官员的偏好、对文化的理解，也使文化保护和文化开发陷入一种匪夷所思的境地，真文化的毁灭和假文化的泛滥同时存在，这不能不归功于政府以及主政的官员们。总之，政府的角色，尤其是中国各级政府，在这一问题上的角色是高度复合的，他们既要关心经济，又要关心民生，还要关心文化，他们的核心诉求是政绩。

专家。专家的核心是专业，是对文化的理解。由于他们对"文化"的理解，以及他们文化代言人的姿态，不与利益关联，因而会有较强的话语影响力。但专家往往也易于陷入专业陷阱，顾点不顾面，对城市发展的其他维度不予关注。尤其是有文化的"原教旨"倾向的专家，一味地追求再现自己心目中的所谓原汁原味，置其他利益相关者的利益于不顾，导致整个文化与城市发展的对立，直至最终割离和封闭文化，使文化进一步走向衰落。

公众。对公众而言，"文化"是他们生活环境的一部分，公众把文化作为城市的公共物品。从城市层面的环境来说，文化是他所在城市的标志性元素，从居住层面来说，文化载体又可能会是他们居住的房屋、街道，与其生活品质息息相关。此外，因为文化保护而实施的拆迁工作，更是会把周边的居民变成直接的利益相关者，并因此而引起诸多社会问题，甚至构成不稳定因素。

公众的意志直接影响到政府的态度和行为，尽管有时候这种意志是非理性的。但公众本身又是街区人流，甚至是消费者的重要组成部分。在文化街区开发中，与公众保持友好的界面是十分重要的。

文化机构。非经营机构是指两类情形，一是文化元素的独特部分，该部分通常难以进行深度的商品化，如甘熙宅第、夫子庙（仅有门票收入，为消极经营，难以盈利）。另一种则是政府的文化性设施，如博物馆、书画院，或其他形式的陈列及展示场所等。上述资源为两种主体所拥有，即政府和名流。其中尤以政府居多，这也是政府可资支持文化街区的又一资源所在，而名流则需要开发者与其深入沟通，赢得其认可。

开发者。无论是政府，还是一般的商业机构（企业家角色），在对包含了文化载体的片区进行开发时，都需要考虑资金的平衡问题。一

山东·曲阜

般而言,对文化载体的保护性开发都会导致相当数量的资金沉淀,开发主体必须就该沉淀资本设计平衡策略。政府可能直接以财政资金,或土地收益平衡,而商业性质的开发机构则必须基于可以锁定的资源收益进行平衡,具体地说就是在非经营性的文化保护与经营性的商业物业的权重上进行调整和取舍。这也可以解释为什么开发商总是力求减少对文化的投入(甚至忽略),而放大对商业的投入,并持续地就此与政府博弈,与专家和公众群体进行对抗,因为商业的核心是利益。

经营者。经营者指的是到街区内购买或租赁物业经营的人或机构。此类经营者与一般商业街区并无不同,即完全根据环境的价值,及投资回报决定是否进入。特别是对于那些具有很好文化象征意味的业态,街区可能需要采用"负价格"的政策进行吸引。

消费者。消费者的吸引需要街区投资人与经营者共同运作,但科学精准的目标客户定位是吸引消费者的关键手段。

由此可见,在文化保护问题上,包含了多元化的利益相关者群体,多元的群体意味着多元的诉求,多元的诉求则带来了冲突和对抗。如果能够尊重这种多元化的群体诉求,则完全可以将其转化为一种制衡机制,使每种声音都得到倾听和尊重,那么城市建设、文化保护和商业营造就会取得同步和协调效应,避免单极力量的出现。

企业家与文化利益相关者相联系可以有两个平台和两个纽带。第一个平台是以企业家为主场的商业合作平台,研究如何在保护文化的前提下进行商业开发;另一个平台则以政府和文化机构为主场,以文化的公益性为主要诉求,邀请企业家,或由企业家主动参与,了解文化的利益相关者的观点,同时也传递企业的文化理念,表达企业家在保护和传承文化方面的责任和愿望。

第一个平台的运作有三个必要条件,第一个条件是政府从城市发展和民生等角度对文化保护和项目开发所提出的要求,这些要求将成为整个项目开发的前提,企业家也应依此设计该开发项目的商业模式;第二个条是文化保护的模式,该模式由专家和公众经过讨论折衷后形成;第三个条件则是商业机构的回报。这三个条件在项目开发的事前、事中,经由利益相关者多轮参与磋商,最终保障多元需求的满足。

公共交流和合作平台主要是企业与政府、非政府组织以及社会公众开展沟通与合作。具体主要有以下几种方式:

(1)借助文化保护非政府组织的平台与文化利益相关者进行对话以及合作。包括各种赞助、论坛活动及公益活动的参与等方式。这种方式可以以企业名义参与,也可以以企业家个人名义参与。

宝马与中国非物质文化遗产保护中心的战略合作。2008 年 10 月,宝马中国和华晨宝马与中国艺术研究院·中国非物质文化遗产保护中心正式宣布建立战略合作关系。根据合作协议,BMW 向中国非物质文化遗产保护中心捐赠人民币 100 万元。与此同时,于 14 日再次启程的 2008"BMW 中国文化之旅",成为本次合作的重要活动。

惠普公司的"循环巨龙"项目。该项目由惠普公司与地球村、自然之友和根与芽等民间环保社团联合发起,组织开展打印机的墨盒回收和硬件回收。项目旨在广泛宣传不负责任随意丢弃废旧墨盒和硬件对环境的害处,以此提高公众意识,鼓励有关政府部门、生产企业、学校和社区参与到回收循环的项目中来。目前,该项目进展状况良好。

(2)借助政府搭建的平台如各种政府论坛等活动与文化利益相关者沟通。

(3)通过企业自身各种载体和平台主动与文化利益相关者进行沟通和对话,比如公司组织的大型活动、公司网站、公司文化、公司品牌、公司参加的资助、赞助等公益活动、发布企业社会责任履行报告等。

(4)企业家个人主动参与各种各样的活动或借助传媒,比如以个人名义进行的捐助、出版著作、借助公共媒体发表观点(如微博等)或在公众场合的演讲等各种载体和方式,借此主动与文化利益相关者进行。

八大企业家襄助故宫文物保护基金会。2011 年 3 月 29 日,故宫博物院举行新闻发布会宣布,由其发起的北京故宫文物保护基金会即日起正式成立。王石、万捷、刘长乐、宁高宁、马化腾、陈启宗、陈东升、冯仑 8 位享誉海内外的企业家各以 200 万元人民币襄助,成为该基金会首批理事。故宫博物院常务副院长李季在发布会上表示,综观当今世界,一个现代博物馆要屹立世界博物馆之林,除了政府支持外,还需要社会力量的支持;故宫要发展、壮大,经费来源须多元化,需要来自社会的营养和帮助。(来源:网络素材整理)

(五)创造基于文化的商业模式

基于前言所述,文化与商业在一些根本层面上是相通的,是有协同作用的。从这一点出发,我们认为创造基于文化的商业模式就是可

扬州·小盘谷

行的。我们经过初步的解析,把该商业模式分为三种基本元素,即文化元素、商业元素、载体或空间元素,对这三种元素,以及它们之间的三种关系的分析,构成了基于文化的商业模式的基本构架。

文化:文化元素包含了核心的文化元素,以及延伸的文化元素。因为文化外延的宽泛性,任何一种文化都具有延伸和演绎的空间,这种特性也使得文化在与商业协同时表现出很强的"弹性",以南京夫子庙为例,其核心文化是大成殿和江南贡院,但延伸元素则包括了城市风情和市井文化。

商业:文化总是诞生于特定的时期,并在其后的过程中演变或衰亡。而商业则一定是现代的,以现代人的需求为出发点,但在基于文化的商业模式中,其定位的特殊性在于把握现代人在消费时所蕴含的传统情结,并把这种情绪与文化的核心元素和延伸元素对接起来。

载体:载体包括了空间、物业,以及相关的器物。载体也具有很好的延伸性,即使在对基本载体严加保护的情况下,开发者仍然可以通过延伸的载体和器物来表达文化特征,使文化透过这样的表达对于大众来说变得可以感知。

上述元素的整合后将会生成一套新的价值创造逻辑,这就是基于文化的商业模式的核心。由于文化的存在为商业赋予独特的内涵,因而使商业具备了独特的魅力,以及品牌差异性,文化对其受众的吸引成全了商业对人群的渴望;带有文化特色的载体建设也可以使项目具有独特的界面,不但载体的设计具备了很大的创新空间,由于文化的驱动,载体的升值空间也十分巨大;商业元素的存在则可以使文化获得更广泛的大众界面,由于商业的主动性运作,以及载体的强有力的表达,因而获得了更好的感知性,大众来、看、享用,从而使文化获得了新的生命力和传播能力,这才是对文化真正的贡献。

一德集团在扬州小盘谷和镇江西津渡项目保护与开发时,正是凭着自己的文化良心,把保护和传承城市文化作为自己的责任,统筹文化保护传承与商业开发,创造了一种基于文化的商业模式,很好地处理了经济发展与文化保护与再造的关系,走出了一条企业推动文化保护与发展的创新之路。

扬州·小盘谷

第八章　城市文化保护与文化基因再造

　　城市建设是一个过程,任何城市都永远处于不断的发展变化过程之中,从来没有"终结"和建成的那一天。一个城市正是在不同历史时期的传承与变化中发展,在旧与新的冲突中演变,这正是历史城市保护的价值所在。但要避免静态保护、绝对保护而忽视今天在历史长河中的客观存在,在遵循传统的基础上,再造文化基因,更多地反映其内涵精神,反应时代特色,避免时代特征的缺失,从而延续具有传统及地方特色和时代特征城市文脉,创造出一个具有中国特色的文化空间。

一、文化基因再造经验借鉴

南京市博物馆藏·白玉炉顶

　　现代城市面貌的改变、更新速度非常之快,使处于这一发展洪流之中的许多优秀的文化遗产正迅速消失。为此,从上世纪 90 年代开始,强调充分重视城市中的重要历史风貌地带和景观地带的保护和控制,突出景观特征和文化内涵,受到越来越多的重视,在实践也进行了不断探索,对城市文化传承和文化基因的再造具有重要的借鉴意义。

(一)基本内容

　　随着社会的发展,对历史文化保护的认识也在不断深入和发展,保护的空间和保护内容也在不断发生变化,总体是从保护文物古迹及历史地段,保护和延续老城的风貌特色,继承和发扬城市的文化传统。
　　(1)保护文物古迹。文物古迹是历史文化名城的基础,在保护工作中,既注意地面上可见的文物,又注意埋藏在地下的史物及遗址;既注意古代的文物,又注意近代的代表性建筑及革命纪念地;既注意已经定级的重点文物保护单位,又注意尚未定级而确有价值的文物古迹。

（2）保护历史地段，即具有历史传统风貌的街区。在历史文化名城中保护历史街区，有着十分重要的现实意义，因为传统格局和风貌保护完整、需要全面保护的老城毕竟已为数不多。对大多数历史文化名城来说，除保护文物古迹外，有重点地保存若干历史街区，把它们定为"历史文化保护区"，以此为代表，反映城市传统格局和风貌，展示城市发展的历史延续和文化特色是现实可行的做法。"历史文化保护区"保护的核心是它的整体风貌，包括建筑物外观、道路、绿地等。在实际保护和更新中，采取保护修整外观、更新改造内部的原则，对传统建筑要按原样进行修整，对非传统建筑要逐步改造使之符合环境风貌的要求。同时，注意改善基础设施，提高生活环境质量；要完善该地区的使用功能，保护社区活力；不大拆大改以新换旧，不崭新的仿古建筑取代真实的传统建筑。

南京·胡家花园

（3）保护和延续城市传统风貌待色。每个历史建筑物、构筑物及历史街区都不是单独存在的，它与周边环境构成了一个整体。只有通过整体保护，才能体现出历史名城的风貌特色。这就要求在历史文化保护区内，新开发的建设项目应保持与原有建筑风格特色相协调，新建筑的高度、体量、造型、色彩也必须与传统风格相一致，从而避免古迹或古建筑的周边环境与原有历史风貌基底反差过大，做到新建筑与传统建筑的有效衔接以及整体布局的和谐。所以在历史城市中，大量区域不属于文物保护单位和历史文化保护区，在这些区域中更新和改造是必然的，所要求的只是保护和延续城市传统风貌的特色。可以通过合理的、巧妙的设计使之既满足现代化生活的需要，又延续了历史特色，如控制建筑高度，保护空间特征，创造与传统相联系的新的建筑形象等。

（4）继承和发扬传统的历史文化。在历史文化名城中除有形的文物古迹之外，还拥有丰富的传统文化内容，如传统艺术、民间工艺、民俗精华、名人轶事、传统产业等。它们和有形文物相互依存相互烘托，共同反映着城市的历史文化积淀，共同构成城市珍贵的历史文化遗产。在实践中，通过深入挖掘、充分认识其内涵，把历代的精神财富流传下去，它既是社会主义精神文明建设的重要内容，也是扩大对外交流，促进城市经济发展的重要手段。

（二）主要方法

1. 文物古迹的保护

① 保护更新

——冻结保存法：对地面文物古迹的保护，按照修旧如旧的做法，以不改变原貌为前提，应将保护对象原封不动地保护起来，允许必要的修缮和加固，但必须遵循整体性、必要性、可识别性和可逆性等原则，修复和补缺的部分要与原有部分形成整体，保护景观上的和谐一致，同时不应妨碍以后采取更有效的保护措施；对地下文物古迹的保护，特别是尚未完全探明的地下历史遗存的存在区域，不得再建造任何永久性建筑，已建造的建筑不再更新或增建，以便给今后进一步的研究挖掘减小阻力和经济损失。

——文物重建法：历史上一些十分重要的构筑物由于各种原因已被毁，但它们是地方特色代表性建筑，起着城市特色的象征性作用，因此在条件允许的情况下，重建是必要的。但重建必须谨慎，更多情况下应在保存残迹基础上按修旧如旧原则进行复建。

② 开发利用

——延续功能法：对于尚未失去原有功能的历史建筑，其建筑历史悠久、名人逸闻丰富、传说故事丰厚、文化底蕴深厚，比新建的同类建筑具有更大的吸引力，对这类古迹和建筑来说，不仅它们的自身是历史的、传统的，其中的活动也是历史的、传统的。因此尽可能继续它原有的用途和功能。

——功能转移法：对于已经失去原有功能的历史建筑，在使用上可以有多种方式。或可作为博览馆使用；或作为图书馆等文化设施使用；或作为旅游景点利用；对保护等级较低的古迹点还可作旅馆、公园等公共服务设施使用。

2. 历史地段的保护

① 街区建筑

——立面保存法：我国不少城市的近代建筑大部分是欧式的砖石结构，其外观立面形式和结构的原状容易保持，因此在维护立面建筑风貌的基础上，只要经过内部装修后就可以满足现代生活的需要。

——结构保存法：对北方的四合院、江南的庭院民居等容易潮湿腐朽的土木建筑，可采取建筑结构保存的方式。其所应保存的不是古

南京·城南

134

建筑的整体,而是建筑结构体系。这种根据旧迹修复的建筑,虽然变化幅度很大,但因其建筑结构、建筑材料、建筑形态仍是传统的构造形式,所以整个街区建筑仍可保持原有的风貌。

——局部保存法:对一些旧建筑采用立面保存或结构保存,仍不能适应现代生活要求的,则可采取对旧建筑部分或局部复原的方法加以保护。

② 街道格局

——馆式保护法:即对古建筑比较集中的历史街区,采用博物馆式保护法,将古建筑复原与修复后,保持原有街巷、河道的布局,并力求能把从前的生活方式也一起原封不动地保存下来。

——拼帖保护法:对零星分布在城市不同街巷之中的古建筑或古民居,可按照传统街巷格局体系,集中迁建于一处,新建一个"历史街区"。

③ 建筑高度与尺度的控制

——园林建筑高度控制法:由于古园林建筑一般为单层房屋,因此在其保护区、控制区、协调区内的建筑,应有由低及高的不同标准高度控制指标,以满足园林建筑视线要求,并与其周围环境相协调。

——古塔与大型古建筑高度控制法:古塔等高耸建筑物往往是名城的标志物,在其周围一定范围内应有视线要求。根据观赏要求,一般要求距塔千米内能见塔顶,五百米内能见塔半,百米内应能见塔全貌。由于古塔周围多有建筑物、构筑物等遮挡,因此应找出观塔的视线走廊,开辟最佳观光视点。

南京·朝天宫

——景观视廊高度控制法:历史文化名城的整体建筑轮廓线,特别是海滨、江滨、湖滨、河滨城市建筑轮廓线以及山林建筑轮廓线等都是历史文化名城特色极为重要的景观保护对象,应通过名城保护规划高度控制图加以控制与协调,并开辟景观视线走廊。

3. 城市整体空间环境

① 城市布局的调整

——人口迁移法:疏散老城人口,将人口迁移至新区,以避免人口超饱和、超容量而造成的对老城环境的直接破坏。

——产业转移法:调整用地结构,将不适宜在老城内发展的产业调整到新区,以避免产业发展对老城环境及历史建筑构成不良影响,并为老城发展文化旅游业创造条件。

——道路避让法:以新区的大尺度交通网架为主骨架,以老城小尺度、大密度的街巷为补充,防止古街拓宽,保护老城的空间尺度。

② 老城格局的保护

老城空间格局是城市整体空间环境保护的核心,也是名城保护中继承和延续老城风貌的关键所在。应进行宏观的规划控制,重点是加强城市原有平面布局的保护,天际轮廓视线走廊的保护,老城轴线和道路骨架的保护,街道、建筑、山川对应景观的保护,城市标志性建筑物、特殊的城市构件如鼓楼、寺塔、城墙、护城河的保护,以及城市建筑色彩风格的延续。

③ 老城环境的保护

老城建筑、历史地段、城市格局都经过几代人精心设计规划而形成,有着自身严格内在的规律性。可由于历史文化名城保护规划单位根据老城各地段的不同特点,对各地块的建筑密度、最大高度、容积率以及绿化率等提出控制性指标;对建筑的造型、色彩、材料、沿街立面以及道路、广场、广告、招牌、绿化、照明等通过"城市设计引导"、"视觉走廊及眺望系统"、"街廊界面系统"、"标志指认系统"以及"夜晚景观系统"等指导性规划进行引导和控制;对重要的景观节点,进行不同深度、内容特点的城市设计;不仅要使文物古迹得到有效保护,而且老城整体景观也得到进一步地强化。

(三)主要模式

一种模式是尽量保护旧城的传统风貌,不在旧城内大拆大建;同时在旧城外开辟新城,进行大规模的现代化建设。这样既满足了现代建设的需要,又缓解了旧城中人口过密、居住条件差、交通拥挤等矛盾。上世纪 50 年代初,著名建筑专家梁思成教授就曾建议首都北京采取这种模式,在旧北京城西郊公主坟一带另建新城。在同一时期,老城洛阳的总体规划就采用了这种"保护旧城,另辟新区"的做法,将新兴的工业区放在远离旧城的涧河以西,保护了已有 700 多年历史始建于金代的洛阳旧城。这种脱开旧城另建新区的规划布局模式,适用于旧城面积不大、历史文化遗存较多的城市。这样既可对旧城的历史风貌予以保护,又可使新的建设较为方便和顺利。它的好处是容易两全,减少矛盾;问题是旧城长期破旧,旧城内基础设施和建筑、居民生活环境改善缓慢,居民意见较多。

另一种模式,是保护旧城的主要格局和主要文物古迹,并对旧城进行改造和建设;同时向旧城四周辐射,进行新的城市建设。西安的城市总体规划,就是这一模式的实例。西安市在城市规划中,把文物古迹和古都风貌作为重要因素考虑,以现存的明城为中心,向四郊均衡发展,将全市分为五大块:旧城(明城)为行政商业区;在文物古迹较少的东、西郊,各布置一个工业区;南郊有众多古迹,规划为文教区;北郊为汉长安和唐大明宫等遗址,全划为文物保护区,只准农耕,不准基建。西安的城市规划突出了保护明城的完整格局,对标志性古建筑如钟楼、鼓楼、城墙、城楼,注意保护维修,它们就如城市的眉眼,眉眼分明则古都面目清晰。这种保护模式,适用于旧城面积较大、文物古迹多而分散、情况比较复杂的名城,可采取分工、分片和点、线、面相结合的保护办法。像北京、南京、开封、杭州等,大体也都是采用的这种模式。

(四)重要理论

西方国家保护历史城市也经过了曲折的认识过程。工业革命后一个时期内,对古建筑及历史老城的保护没有引起人们的重视。第二次世界大战后,大规模的重建和改建,使得文物古迹和历史中心又遭到了新的破坏。直到 1960 年代末到 1970 年代初以后,对城市遗产的保护逐步受到更多国家的重视(张广汉,2004),开始着手全面保护城市中的旧城区(李秉仁,1991;李先逵,2004)。1975 年欧洲议会发起"欧洲建筑遗产年",通过的《建筑遗产的欧洲宪章》,特别强调建筑遗产是"人类记忆"的重要部分,城镇历史地区具有历史的、艺术的、实用的价值,应该受到特殊的对待(方可、章岩,1998;王如渊,2004)。大规模的更新计划因缺少弹性和选择性,必然会对城市的多样性产生破坏,使城市景观丧失本来的有机性和关联性(周晓娟,2001)。

南京·朝天宫

1. 有机更新

近现代意义上的城市更新起源于产业革命。20 世纪上半叶,由于产业革命和城市化引起西方旧城中心功能的加速集聚,导致大规模的城市内部重构和大面积的旧城更新,使得城市历史环境遭到严重的破坏,吴炳怀(1998)将这种城市更新理论称之为"追求功能秩序的集中主义"。由于大规模的城市改造和重建对旧城历史文化建筑的破坏,人们逐步认识到旧城历史文物建筑对旧城发展的重要性。于是 1960 年代开始,人们对旧城更新中旧城的保护认识不断深化,相继发起制定一些宪章建议,如 1964 年的《威尼斯宪章》强调旧城的更新要保护和修复文物建筑,1976 年的《内罗毕建议》强调旧城更新要对历史文化地段及建筑群的保护,1987 年的《华盛顿宪章》强调保护整体历史性城市。有机更新把城市看成是如同生命体("有机城市"organic city)一样,处在一个不断变化发展的过程中,不断进行着生长、繁殖、衰弱到再生长的演化。所以有机更新就是运用历史的、自然的、生态的、文化的、特色的、连续的观点和方法对城市进行更新改造,追求人与自然、城市环境的和谐,保留城市发展历史的连续性和完整性,延续城市的文脉,保护城市的特色。

在我国,城市有机更新理论(organic renewal)是吴良镛 1979 年在北京什刹海地区规划研究中提出。老城的有机更新与老城整体保护密切相关。首先,研究老城局部更新与老城整体保护的关系。老城是一个有机整体(吴良镛,1995),老城局部改建及重建等更新活动,正如生物体局部一样,要与其整体有机协调,顺应城市的肌理(王佐 1997,叶鹏,徐晓燕 2002),即强调的是老城更新要使每一个片建设区的环境均与古都整体风貌保持一致。其次,老城有机更新理论认为城市演化如生物体是连续的(吴良镛,1995),所以老城的更新应顺应其原有的结构,更新区域应与老城的过去和未来相协调。从历史与环境文脉出发,对历史传统加以重视,使新与旧的关系更为有机(李先逵,2004)。因此,从本质说,老城有机更新就是要做到老城整体的时空有机协调。在时间上,要协调好老城的过去、现在和未来的关系;在空间上,要协调好老城的局部与整体的关系。

2. 有机疏散

国内外在处理老城与新城(新区)发展的关系上,一般在都是另开辟新区疏散老城的部分功能,由于老城发展的负荷减少,可得到比较完整的保护和合理地利用(吴良镛,1983;王瑞珠,1992;周晓娟,2001;黄光宇,1986)。在规划实践上,我国苏州、丽江等城市正由于开辟了新区,使老城功能得有效疏散,老城得到较完整的保护。

"有机疏散"(Organic Decentralization)主要是为了解决大城市过分拥挤状况,按有机体的功能要求,把城市的人口和就业岗位分散到可供合理发展的离开中心的地域,通过人口和功能的疏散,使城市中心区整体环境得到优化,城郊地区得到合理开发,从而促进城镇健康

138

有序发展。"有机疏散"原理是著名建筑学家伊利尔·沙里宁1942年提出，他认为城镇是一个有机体，其内部秩序实际上和有生命的机体内部秩序一致的，如果机体中的部分秩序遭到破坏，将导致整个机体的瘫痪和坏死。沙里宁认为城镇在发展过程中，不能杂乱无章的任意扩散，而是要按照机体的功能要求，遵循以下有两个基本原则进行布局。一是把人们日常生活和工作的区域，作集中布置；二是对不经常的"偶然活动"场所，不拘于一定的位置，作分散的布置。这样日常活动就能尽可能集中在一定的范围内，不必都使用机械化交通工具，日常生活应以步行为主，使活动需要的交通量减少到最低程度，往返于偶然活动的场所，可以使用较高的车速往返。因此有机疏散理论的核心思想：一是空间的相对独立；二是功能相对完善。

二、文化基因再造的思路

文化的传承与再造，需要建筑考虑历史的源流、民俗的风情、文化基础、社会时尚、地方特点、时代要求，这样对建筑文化方有一个合理的定位与正确的评价。

（一）传统与现代

文化遗产的保护与城市现代化发展相辅相成、相互促进。城市现代化每一项因素都离不开文化，历史与现代是继承与发展的关系。如法国巴黎不仅是文化艺术的保存地，更重要的人类文化艺术精华的创新地。这些文化遗产构成一个城市的文化资源，成为跨越历史与朝代的精神主题，从而不断激发居住这个城市里人的创新活力。在处处充满传统文化气息的建筑环境中，任何轻微的举措都有可能带来破坏，更不用说大规模的改建或扩建。面对这样一个难题，新增的建筑体量以何种"形态"介入历史场所——在不破坏历史场所原有气氛的前提下，取得当代建筑语境下的认同？

南京

（1）新与旧的共生。在历史场所的改建与扩建中，新元素的加入所造成的震荡与冲击，不至于产生毁灭性的后果。新旧元素的重组与弥合，为系统注入新的活力和提供发展的可能性与自由度。

139

改建或扩建的工程都是位于浓厚传统文化气息的历史场所之中,或者原建筑本身就承载着悠久的历史。在改建或扩建之前,原建筑不是处于废弃状态就是满足不了当代的功能需求而"消沉"于都市环境中,甚至被排除在现代都市生活之外。改建或扩建就是通过富有创意的设计,不仅使原建筑获得新生,同时使原本萧条的街区或周边环境重新焕发生机,使人能感受到旧建筑的新生气息,借助它们点燃曾经衰败的历史环境,以现代的建筑语汇铸成了历史建筑新时期的标志,从而成为城市的亮点和热点。

(2)传统与现代的相融。新元素的加入,要不带有任何文化畏缩心理,不一味迁就或无奈认同,也不刻意褪去新鲜的初生气息而委身于所谓的怀旧情调之中,而是一个传统与现代协调的共生体系,其中新建筑不是同传统捆绑在一起的僵硬的附属物,旧建筑也不是夹在现代罅隙中的苍凉摆设。新增的建筑体量不能破坏历史场所原有的气氛,这就要求它必须延续原有建筑的风格体系,或者做得够小,使之不至于对原来的建筑风格产生大的冲击。事实上前者容易造成假古董,而后者的难点就是看不到新建设的存在,使历史建筑达不到真正意义上的"新生"。新体量要具有强烈的整体感和现代感,这些新增形体之所以选用各种金属、玻璃等与砖、石等传统材料大相径庭的现代材料,除在外观上体现时代文化特征外,还有更深层次的考虑。

一方面要体现时代特征。要注重保护历史建筑的原有风格、传承古代文化的同时,更重要是要历史建筑的维修时要能体现时代主题、技术水平及艺术风格等时代特征。从研究历史建筑维修历史可以看到,无论任何历史建筑维修,都将其当时的技术、思想融入其中,虽然从整体上保护一定的连续性,但同时也赋予维修历史建筑以时代的特征。

(二)东方与西方

文化趋同、单一性趋势在世界范围受到广泛质疑和抵制,事实上反倒激发了一种寻求特殊性、地域性和差异性的现象,在发达国家和文明程度较高的国家首先兴起,它强调文化的个性就是文化的优势。然而,它有时也会导致孤立主义和对抗意识,拒绝同外来文化的融合、交流,表现为一些复古的,狭隘地方主义的建筑思潮,付出了很多代价,也吸取了不少经验。现在普遍认为,它应该有一种文化创新要素,也就是说,它在强调地域传统文化的差异性时,也要对世界的普遍文化取向有一种高度的认同感,与之结合起来。

　　而建筑文化一定是多元的,既要借鉴吸收外来建筑文化,也要继承保护中国建筑文化。因此,在塑造地域特色的同时,要将西方先进理念、方法和工艺等融入其中。建筑文化是指一个民族的历史、文化背景以及所属地区的地域特征等在群体或个体建成环境的反映,而此"文化"是由"内核"文化与"外缘"文化构成的。"内核"文化是指一种文化长期以来形成的本质的东西,它是古老的、纯种的、发育完善而自生根的文化;而"外缘"文化是新形成的文化,或对外来文化的吸收、包容,它是年轻的、非纯种的,发育尚不完全,也非自生根的文化。建筑文化也会随着历史的发展、人类的进步而前进、更新。其发展、更新有两条途径,一是靠"内核"的裂变或聚变而产生巨大能量推动自生的更新变化,由于其动力来自于内核本质结构之中,因此其变化是主动的、有秩序的,它与自生文化的关系也是一致的、和谐的;另一种途径是靠"外缘"文化的影响。"外缘"文化的作用一开始可能是生硬的、被动的、无秩序的,但通过长期对内核文化的冲撞和渗透,推动"内核"文化发生相适应的转化。从历史唯物主义的观点来看,这两条途径往往是同时存在,共同推动人类文化的发展、进步,进而实现实质性的升华。

　　建筑作为一种文化载体,是伴随着文化的发展而进步,建筑文化是外来建筑文化与民族文化碰撞、交流、融合的产物。如今,面对经济全球化、文化多元化趋势,如何吸收外来文化精华,并与本民族文化相融合而形成有中国特色的建筑文化,值得让人深思。在当今条件下,既保持和发展历史建筑群的原有的文化风范,又使新建筑富有时代风貌,实现有机更新。建筑的文化内涵是社会文化的一个重要组成部分,应该在建筑现代化过程中,走一条能将现代西方的优势和中国传统中的精华融合在一起,将两者在现代使用功能的物质载体上进行嫁接的创作展露。

　　这就是说,强调建筑的地域性特征与对世界建筑文化的整体性、趋同性的某种认同与结合并不矛盾,拒绝敞开地域的文化边界,拒绝同世界文化的交流与融合,或者说在孤立、封闭的环境中强调地域性,有可能落入狭隘的民族主义和国粹主义的陷阱,那么,这样的地域性建筑肯定无法成为立足于全球化之中的地域建筑。历史上曾经有过无数的事实证明,地域文化的生命力在于不同文化的相互借鉴,而不是相互隔绝,独立发展。

（三）地域与时代

建筑具有显著的时代性。随着社会的前进、建筑理论的发展，"时代"含义也发生了变化，应该说"时代"就是人、建筑环境的综合，有高度智能的人去控制、利用技术，产生满足人们生理、物质、精神诸方面需求的建筑，就是具有"时代性"的建筑。在建筑领域中，时代、历史传统、民族、地区等因素显得更加重要，建筑设计中体现了信息时代的特征也就反映了它具有时代感。

南京·城南

通观历史每个时代的都市模式和建筑风格，总是反映特定时代文化的，信息时代出现的建筑就应包含信息时代功能要求。时代的建筑要反映它的时代价值，衡量建筑的价值也不能超越这个时代，因为建筑作品本身的价值取决于当代建筑文化的贡献，时代也有它的限定性即积极的、消极的、中间的多种影响因素，因此作品或创作只有舍掉消极或中间的因素，而利用或包含积极性的那些因素，才能称之为具有真正的时代性或称之谓创新。真正的创新是对时代消极或中间因素制约的突破，表现时代先进性的创新。基于上述观点，作者认为时代性首先是现代化的体现，现代化又是现代人的思想情调、物质基础、技术手段、信息社会特定环境，民族历史文化的借鉴发展升华，过往形式的突破与创新，物质功能、精神功能满足的总概括。

对中国这样一个疆域宽广的大国来说，从南到北，从东海岸到西域内陆，从城市到农村，因其地理环境、气候特征、人文历史、经济发展状态等等不同，各地建筑应该说是千差万别，实在难以用一个"民族风格"来笼统涵盖。研究自己生活其中的环境特色，以此为基点寻求新的空间形态，应该是当代中国建筑的一个重要的发展方向。

全球化时代的所谓"地域性"，虽然也常常会反映在建筑的技术特征与外在形式（如典型的乡土符号）上，但更多地并且首先地还应当表现在文化的价值取向上，表现在建筑的人文文化特征上。建筑地域性的人文文化特征，即建筑地域性的人文内涵，它包括传统、习俗、神话、语言、民族、宗教、信仰、价值观念、伦理道德、审美情趣、生活与行为方式等决定每个国家或地区民族文化身份和起源的东西。

在全球化时代，建筑的技术特征则更多具有共享性、同质化趋势。概言之，作为全球体系之中的地域性，常常在文化上表现出双重的特点,即同质性与异质性的二元特点,同质性特点更多表现在地域建筑的技术层面,异质性特点则主要受地域建筑的人文内涵所决定。因此,只有继承和创新这些异质性特点,才能使发展中国家的地域建筑文化不会在与主流或强势的建筑文化对抗与混合中消失。

在当今社会,传统与现代融合关键要做到以下两点:一是促进传统与科技融合。建筑是衡量当时当地科技水平的标尺,也是参照科技成果运用情况的晴雨表,建筑与科技互融共生。二是促进地域与时代融合。在追寻地方特色同时,运用现代技术与材料来表达过去,将建筑的地域性与时代性相结合。

南京·城南

（四）继承与创新

正确处理继承和创新的关系,是文化创造中一个十分重要的问题。城市文化不是化石,化石可以凭借其古老而价值不衰,城市文化是活的生命,只有发展才有持久的生命力,只有传播才有影响力,只有具备影响力,城市发展才有持续的力量。所以,城市文化不仅需要积累,还需要振兴,需要创新。只有文化内涵丰富、发展潜力强大的城市才是魅力无穷、活力无限的城市。建筑不但要满足现代人的使用要求,而且要有利于子孙后代的发展,归根结底要创造条件促进人与自然的协调,科技与人文的同步发展。建筑的可持续发展体现在建设的全过程中,也体现建筑的全寿命中,这是当今建筑师必须关注和贯彻的设计原则。人的需求会随着社会的进步,科技的发展而不断变化和发展,这就要求建筑师对建筑的发展应有一定的预见性,从而使设计具有灵活和可变的适应性。

为了继承传统的建筑文化,很多城市或建很多漂亮的仿古建筑,而这种"假古董"建筑,未能在真正意义上实现传承与创新建筑文化的作用。而真正有生命力的建筑特征,其文化的创造既非表现在建筑的技术层面,也非表现在对某一地域建筑的形式元素的借用,而是体现在它们触及到了作为建筑文化深层结构的人文特征,如某种精神特质、神圣信仰与思维方式。传统建筑的丰富内涵与精神特质只是"隐性"地渗透在大量的历史建筑、地域建筑经典之中。如果建筑师不能真正理解传统,只是简单模仿传统建筑"显性"的文化特征,而不能很好地将其"隐性"的观念与精神创造性地表达出来,就一定不是真正意义上的继承与创新传统,甚至还有可能变成在所谓发扬传统的口号下破坏传统。例如,有些地方在产业化开发中建设的若干低劣粗糙的仿古建筑,虽可在有限的范围内营造一定的传统气氛或地域风格,但其本身只是无生命力的抄袭与复制,实际游离于当代地域建筑文化之外。

文化的传承和发展都在原有文化基础上进行,如果离开传统、断绝血脉,就会迷失方向、丧失根本。在吸收传统文化精华的基础上,不断增强原创能力,努力创作有地域特色和中国文化精髓的现代建筑师当代建筑师的历史任务。因此,如何正确继承并创新传统建筑文化,首先要发掘、提炼并完整叙述传统(地域)建筑文化中那些具有现代价值的"看不见的东西",或者说准确捕捉、理解中国传统(地域)建筑的人文特质和创造核心;其次,要将那些"看不见的东西"用抽象的方法加以表达,或者说应当用怎样的方法将传统(地域)建筑的精华创造性地转化为足以支持与指导中国当代建筑实践的文化资源。这样,继承与创新地域建筑文化就能在真正意义上得到实现,中国建筑文化与西方建筑文化的相遇与交流就能在真正对话的层次上。

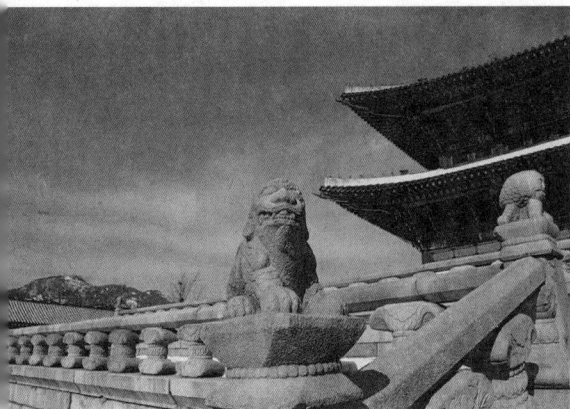
韩国·景福宫

在全球化背景下,对于作为一种独特的传统文化思想和民族特征的形式存在的中国传统建筑文化的继承,只有站在传统哲学思想的高度思考现代建筑与传统文化的内在关联,才能在深层次上把握与创新传统。既要强调和做好中国建筑文化的传承,也要强调保证生存、尊重市场规律和坚持改革开放的态度。在传承的问题上,更多的和重要的是研究和传承中国建筑文化中思想精髓的部分,弘扬我们优秀的传统建筑文化,同时还要处理好改革开放过程中,向各国学习好的经验和先进技术与如何立足本土从国情及从实际出发的关系。也就是说,既要尊重历史,也要传承历史,将历史的风格附于新的建筑物中,将城市的文脉一贯相承下去。

三、文化再造的原则

(一)文化与经济价值并重

由于传统的将文化价值和经济价值对立习惯性思维尚在,加上保护理念、手段等方面的经验也在摸索之中，盲目招商引资或片面强调短期见效等，终致以原真性的破坏为代价的经济行为屡见不鲜，并为之付出了沉重的代价。在旅游业的蓬勃发展的今天，建筑遗产作为一种吸引大量消费者的文化产品在经济学上的价值日益凸显。通过吸引公众到遗产地等旅游、消费，起到了拉动内需的直接作用。建筑遗产的开发利用，要以"文化价值"为主导，遵循建筑遗产有不可再生性与不可替代性的特点，通过建筑遗产消费链带动经济发展，促进遗产经济价值的增值。投资回报越高，遗产的经济价值增加，而文化价值往往减少。解决的办法即是寻求平衡点，即遗产既不能被破坏，同时还有助于经济发展。

（二）政府与市场力量共担

要实现文化遗产的有效的永续的保护，必然要有各种形式集体的介入。其中最普遍的方式是政府通过地方性、地区性、全国性乃至国际性等的各类行动，代表人民进行购买、保护、修复和资助等活动，提供和管理各种接触文化遗产的途径。当然，政府还可以资助管理文化遗产的组织和个人，这时政府就可以放权，把决定权交给这些组织和个人。不过这种情况下，会出现这些组织和个人尽力争取更多的资金以追求利润的危险行为。这时，政府用于刺激私人机构另寻资助的方法来支持文物保护。

在没有外界干扰的情况下，市场会决定这些价值和最大化方式，其结果决定历史建筑的最终功能。但实际上，遗产保护项目与一般的房地产项目不同，政府将会对历史建筑进行行政干涉以保证其文化价值，从而也就相应影响其经济决策。可见，经济价值的最大化，需要与文化价值的最大化相协调；由于遗产的稀缺性，保护将提升其长期价值。建筑遗产是一种"文化资源（Culture resources）"或"文化资金（culture capital）"，因此要充分认识到其经济价值，进而在实际操作中采用政府和市场结合的方式进行保护。在我国，以往把遗产保护当作是一种完全政府的责任，认为只有投入而无产出；真正认识到它的实践中的经济价值也是近十多年的事，特别是它和旅游密切结合时，成效更为明显。故而实际操作中，要将市场融入其中，通过市场方式来解决保护的资金和效益。

（三）历史与现实功能并行

从建筑发展历史来看，传统与革新在某种程度上是双重的。传统文化与未来文化，是相对的、发展的。无论哪种建筑形式都是在历史的发展中形成的典型代表，代表着那个时代的建筑水平。建筑不是僵硬的一成不变的东西，是在不断的发展变化中，是某一时代具有代表性的形式。挖穴为洞是一种形式，构木为巢也是一种形式。建筑是从原始时代、新旧石器时代慢慢一步一步发展过来的。生产力发展了，随着材料的发展，力学、数学的发展、工匠技艺的发展，建筑才出现了唐风宋韵、明清风格。

对于中国建筑的传统文化，我们不能只是笼统地"继承传统"。传统不可能全盘照旧也不会全部中断和丧失，它经历的应是个扬弃的过程。可持续发展是一条人口、经济、社会、环境和资源相互协调的既能满足当代人的需求而又不对满足后代人需求的能力构成危害的道路。实现中国建筑艺术形式的可持续发展是很重要的。应该在更高的角度理解空间和形式，摒除形式上的、表面化的东西，通过抽象、简化的手法来提炼空间，而不是一味单一的复制。中国传统建筑中除了能作视觉符号用的形象成分外，凝聚在中国传统建筑中的中国传统的观念、意识、心理方面的因子，也可能被吸收进新建筑中来。建筑的新建不是以牺牲环境为代价的，新建筑的产生不一定必须付出旧建筑消亡的代价。"立新"不必"破旧"。关键在于如何将简约而又复杂的语义，以传统而又时尚的手法，运用于现代艺术设计中，从而创造出个性化、人文化的全新设计符号。

古建筑及古街区文化价值和实用价值，都要体验中得到实现，通过人的文化消费和文化体验，才能其价值得到体现。作为人类文明的载体，在历史建筑中至今仍发挥着功用，进而与市民的生活紧密相连，作为市民自行动与理想的延伸，而非作为一件艺术品搁置于展览馆的橱窗中，仅供游人观瞻而已。正是市民赋予历史上存在着的历史建筑以现代功能，使得这些建筑不再是死气沉沉的历史空泛形式，而是呈现出既承载过去人类文明之历史，又注入当代生活之气息的生机盎然的情境。而正是在这种情境之下，城市景观不仅凝聚着过去市民的辉煌，也注入当代市民的生活，并最终启示城市将来之征途。

北京·故宫

146

四、文化再造的表现形式

建筑要具有文化内涵,必须使建筑的"形"与"神"相融合。"形"通常指物体外在的形状,"神"则是物体蕴涵的"神态"。因此,形态就是物体"外形"与"神态"的结合。形离不开神的补充,神离不开形的阐释;无形而神则失,无神而形则晦,形与神之间不可分割。只有当我们把形、神二者结合在一起,才能构成对事物完整而科学的认知。所以空间的形态要具有美感,除了要有美的外形外,还需具备与之相匹配的内在文化气质形态。同时,建筑要做到具有文化内涵,还要做到"情"与"形"的融合。"形"泛指结构构成、材料组合、尺度比例等外在的物质形态;"情"则指建筑所容纳的特定社会、价值取向、生活行为、方式等,它体现了建筑与人类生活息息相关的一种特质。

(一)形的展示:形象的塑造

文化不完全都是内涵的东西,看一个城市有没有文化,就如同看一个人有没有文化是一个道理,人的相貌往往反映其性格,外在的表现是第一位的,外表和行为首先决定了给人的印象。与人的相貌一样,每个城市都有自己的形态,城市形态就是城市的相貌、外表,直接表现出来的就是城市的物质文化,即在物质生产领域中认识、掌握、改造世界的创造力量和发展程度。在广义的文化结构中,物质文化是整个文化结构的基础,物质文化的目标就是创造一个适应于城市发展规划的空间环境(即人文环境),创造这样的环境实际就是对城市形态的合理设计,通过合理设计来建设最佳的城市形态,又通过城市形态来体现城市的物质文化。

上海·世博园

建筑空间形态是丰富的,但并不是在凭空创造。它来源于人们的生活方式、生活习惯。新的建筑空间形态能改变人的生活方式。任何生活方式的变化都有其深层的思想精神因素,这种精神因素来自人们的实践,并决定于人类对自己的认识,因此把人们的精神追求在建筑空间中加以体现;把人们对物质的追求体现为富有文化艺术气息和理性意味的独特形式,是文化的发展在建筑空间形态中的具体体现。建

147

筑的空间形态在一定方面体现了人在价值追求上与文化发展的一致性。当我们从实践中回归自我认识并以人的自我认识关怀实践就最能看清文化如何影响空间而空间又是如何影响文化的。

混然天成的空间格局。古老文明的中国，远古生活简单，空间的需求有限，日出而作，日落而息，居住空间只是一个巢而已。在西方，从简单到复杂，建筑随着文明的发展而不断演化。然而2000多年来，汉族的生活空间基本就以"三间房子"为基本单元，比较有规模的住宅的空间，乃是这种基本单元的重复与组合。然而这种建筑模式，虽然单纯但不原始，而是我国文化中特有的智慧所造成的。因此，传统的中国建筑空间形式就是由"三间房"单元重复而成。在空间形态上，这种建筑组合，展示了空间变化之美。虽然室内空间单纯而融通，但户外的空间富有变化，有庄重而典雅的大院落，也有各种比例的灵巧玲珑的小院落，细长令人有无尽之感的宁静长廊，有曲尽转折之至的各种通道。这种蕴涵了最高智慧的空间形态，不是我们刻意去创造的，而是在安排了房子这后留下的剩余空间，经过略加点缀，把这些神韵就激发出来了，从而形成了天成的空间趣味。

纯属天成的建筑外观。中国建筑数千年来既没有增加其复杂性，也没有改变其基本形式，只是加了一些装饰，增添了文化意味而已。首先，强调屋顶重要作用。在中国文化影响圈内的建筑，基本上是屋顶为主展示建筑的外观。其一，把屋顶的线条予以软化，加上一点曲度；其二，把屋脊略予强化，使屋面交接处有所交代，如同衣服的勾边；其三，为了加强线条的总味，在脊线的收头处均予以点饰，如同书法中笔画的起笔、收的顿笔。同时，又赋予这些点饰以文化内涵，如具有道家内涵的以曲线为表现形式的气韵文化，屋脊的鸱吻和勾边的仙人走

北京·故宫

兽等。通过这些修饰和装点，一个平淡无奇的屋顶，就变得富有雅致，具有中国独特的文化风貌了。其次，中国传统建筑并没有考虑整体性的造型，是由个别建筑组织而成。建筑的各个部分不相连结，而是根据与造型美不相干的因素配置在一起，每一个单元都有一合乎本分的屋顶，这样自然有飞檐交错、吻兽相望的变化。这些屋顶之间并不是最初的规划或计划之内，而是偶然的，因此形成显得灵活多变，韵律感十足。这与西方建筑相反，西方建筑虽然内部空间复杂，但由于外形追求单一体型的壮丽，反而显得简单。

如何通过建筑的"形来"展示或再造中国文化，首先要尊

重中国传统的混然天成的建筑格局和纯属天成的建筑外观。但是,对新建筑形式,还应把它们看成是发展过程中的客观现象。新建筑形式的出现是好事、是自然的事。接受外来文化、容纳外来文化,通过"务实"、"创新"、"兼容",实现"古今中外,皆为我用",才能在新的建筑概念、新的建筑设计中,创造出具有地域文化内涵和民族特色的建筑新形式。

（二）神的凝练：内涵的彰显

因为历史悠久的城市建筑和历史景观,也不再只是停留在外在形式或功能,而是作为一个符号象征着人类在历史中的光辉岁月与耻辱印记。建筑与城市要紧的不只是其外表形状,物理几何形状,而是发生在那里的事件。城市不仅体有形,还要神有韵。城市文化特色拥有超越形体之外的意境美。无论是城市设计,还是建筑设计,都应把传统文化、地域文化和现代文化融为一体,注重历史与现实的对话,使城市或建筑涵盖人与自然、人与社会、人与人之间的沟通与对话。

神的凝练在于彰显历史内涵。我们对城市回忆的越远,那我们对城市现在的境遇也了解得越深,历史的厚重也增强着现在的厚重。城市景观将城市的过去、现在和未来联结的同时,也将人类自身的历史传承下去。由此可见,城市景观中所蕴涵的历史原真性如此可贵,它不仅寓示着人类自身真实的历史,也寓示着人类历史进程中过去、现在与未来这三个时间维度之间的真实关系。伪造或诋毁我们的城市景观的历史,不仅意味着虚假与可笑,更意味着对人类自身发展历史的背叛,而我们人类在这种背叛中,也终将迷失我们的前行的坐标。

神的凝练在于融入时代精神。历史上每一个时代,都产生一批不朽的建筑作品,其文化意义和艺术感染力,常常成为一个历史时期的文化的标志,成为国家和民族精神的象征。建筑是一个时代的写照,是社会经济科技文化的综合反应。现代建筑创作应该适应当今时代的特点和要求,建筑要用自己特殊的语言,来表达所处时代的实质,表现这个时代的科技观念,揭示思想和审美观。时代精神决定了建筑的主流风格,把握时代脉搏,融合优秀地域文化的精华,建筑才会创新和向前发展。这是时代特征,也是传承文脉的需要。文脉的精髓在于变,不变则废,变则通。每一代人的文化都是不一样的,

北京·午门

只有对每一代人文化的适当保护才能保证文脉的传承与延续。文脉本身意味着不断发展的脉络,停止发展无异于切断文脉。如果一味地仿古,时代特征就要丢失,把新的搞成假古董,真的古建筑就会被淹没,失去了历史的真实性,在历史文脉的延续上也就出现断层。

神的凝练在于融入地方特色。建筑是一个地区的产物,世界上是没有抽象的建筑的,只有具体的地区的建筑,它总是扎根于具体的环境之中,受到所在地区的地理气候条件的影响,受具体的地形条件、自然条件以及地形地貌和城市已有的建筑地段环境所制约。从广义上来讲,建筑首先受地理的气候、区域的影响;从狭义的角度来讲,建筑的地域性主要是指建筑地段的具体的地形、地貌条件以及城市周围的建筑环境;建筑的地域性还表现在地区的历史、人文的环境之中,这是一个民族一个地区人们长期生活决定的。

(三)境的塑造:认同感重构

南京·玄武湖

建筑都是处于特定的环境中,并有其独特的场所意义和空间属性。建筑总是离不开环境,它必须植根于特定的场所环境中,空间才有特定的意味。不同场所环境的各要素对于建筑的空间形态、行为模式等起着不同的关联和制约作用。充分分析建筑所处场所、环境等多个要素特性的基础上采取相应的对策,把人们对建筑功能的需要物化成一种主体精神或地域精神,融入到场所的内涵和形态之中,使场所不仅具有一般意义的抽象空间,还具有表现生活中特定的空间逻辑结构生成,从而创造出反映场所精神的建筑空间与形式,提升建筑的空间品质。

人是有感情的,而由人建造出来的建筑空间当然也有感情的。随着城市的发展,情感化、人性化的建筑空间正逐步回归到城市生活中去。历史建筑等能自然地引导人们的思绪,使人们沉浸于往事的怀念之中。因此,历史建筑正是因为有了情感的融合才生机益然,使人感动。建筑师通过情感为媒介,创造出"情"与"形"合一的建筑,为身居其中的人们创造一种可以感受与思考的环境,唤起人们内心深处的、幻想的、怀旧的和来自遥远世界中的单纯情感。

历史建筑等文化遗产植根于特定的人文与自然环境,与当地居民有着天然的历史、文化和情感联系,这种联系已经成为历史建筑不可分割的组成部分。历史建筑是一个国家、民族、区域、城市、社会共同生活人群的"集体记忆",其中历史建筑本身不仅具有深刻的文化内涵,是人了解传统文化的理想载体。而当地居民的生活方式、居住形式、饮食文化、节庆习俗等都具有很强的文化作用,它们与历史建筑一起共构成了历史建筑环境的整体,并在人们的物质和精神活中深深扎根。

在城市发生的历史事件与时代精神在城市实体化过程中进而符号化,并依托市民自身的时空维度在回忆(现代之于过去)、体验(此时此刻)、期待(现在之于未来)中持续存在,在这种语境之下,作为符号的城市景观便具有构建出人类历史进程中人的过去、现在与未来之间的一种关系网,并营造一种人类文明发展之趋势。

因此,保护和培养一定历史语境中的历史环境十分重要。当前,城市的文化遗产对于现代以及后现代语境下越来越丧失文明之历史根基的人类而言弥足珍贵,人们渴求在这些历史古迹和历史环境中,在整座历史文化名城中重新找寻人类自身曾经奋斗过的痕迹,借此对当代人们所面临的迷茫与误区重寻某种启迪。正是在这种历史语境下,在这样一种人类文明的厚重积淀中,城市景观与历史达成了完善的契合,城市被历史蒙上一层沉甸甸的苍桑感,而历史则因城市景观而鲜活起来。

五、文化再造的基本路径

历史永远是延续着的、行进着的,没有历史景观的城市只能被看作一座毫无底蕴的新建之城,人们只为现在的生活而奔波;而没有现代景观的城市也只能当作一个"死气沉沉、毫无生机"的历史片断而已,仅仅停留在我们的记忆与臆想之中;没有古今的并置,没有这种类似于生命力的张力,两者永远停留在时间的两极而不能聚拢在一起,最终远离市民的生活而孤寂残存。

(一)功能空间的调整与更新

挖掘老建筑的潜力,从本质上置换与重构其功能空间以满足现代的需求,是一种更加积极的保护措施。其方法是在保留原有的建筑造型与结构基础上,对内部空间进行重新划分与组合,达到现代的空间

扬州·三间院

151

要求。而另一种更彻底的改造方式是保留原有的外墙面,在原有基础上重新构筑结构体系。后一种方式一般适合于旧空间体系已经与现代要求有很大冲突,两者很难调和,但出于保护旧城区整体的历史氛围考虑而采取的一种"留皮去骨"方式。功能空间的置换与重构在国外已经是一种较为成熟的保护历史建筑的方式。

(二)扩建中的新旧交融

随着时代的发展,许多老建筑无论是空间还是功能都已无法满足现代的需要,为了完善其功能空间,补充新的功能要素,使扩建的历史建筑重新焕发生机。在扩建过程中不仅要注意扩建部分自身的功能要求,还要处理好与原有建筑在空间上的过渡与融合,形成完整的空间体系。在具体的处理上有以下几类。

(1)涵旧于新。将老建筑置于体现新技术的大屋顶保护下,同时在新屋顶结构下设置为整体建筑服务的技术设施,新老建筑和谐地统一于同一个屋顶之下。

(2)新旧共享。新旧空间在此融为一体,同时感受新旧建筑的魅力,新与旧交相辉映。

(3)隐新于旧。为了完整的保持原有建筑的环境和造型特点,将新建部分置于旧建筑之下,体现出了一种谦和的历史态度。在旧城区兴建大型的现代化商业中心,如何充分照顾周围的老建筑、老街区的关系,如何保证街道立面和天际线不受破坏,如何保持历史氛围一直是个棘手的问题。向地下发展,减少建筑的体量感,成为解决问题的有效途径,同时还可以为地面留出更多的绿地。

(4)新旧围合。通过新旧建筑的共同围合来打破原来的封闭格局,构成面向城市的开放性空间,烘托出历史群体建筑的整体氛围。

(三)建筑形式的改造

从建筑形式的改造与新建角度上讲,主要有两种倾向:一类是新旧元素的相似调和,一类是新旧元素的对比反差。这实际也反映了形式美原则的两个方面。采取怎样的手法应视当时当地的具体条件而定,不存在放之四海皆准的方法。

(1)新老元素的调和。该方式是从保持原有建筑风格的角度出发，从形式、尺度、肌理上与之呼应，不采用突出的对比手法，从而达到新旧的协调。这种手法主要沿用经典传统的建筑语汇使新建筑融入历史环境中。但值得注意的是，调和并不等于简单的模仿。我国现在流行的方式依然是形式上的盲目追随模仿，新材料新技术条件下，却有一大批假古董应运而生，这不是真正的尊重历史而是篡改历史。

（2）新老形式的对比。建筑的新建和扩建部分采用全新的建筑形式，在造型、材料、技术、色彩或整体风格上都与原有建筑产生强烈对比，从而凸显出时代的发展和历史的变迁。虽然有人抨击这种手法是对历史的漠视，但现实中的许多佳作向人们证明，设计手法并非问题的本质所在，真正对历史的尊重可以通过不同的途径来实现，正所谓殊途同归。

（3）旧形式与新技术

福斯特在柏林德国国会大厦的改建中，新建的穹顶与历史上原有的穹顶形式相近，但技术上截然不同。新穹顶需要满足比过去更多的要求：首先它可以使参观者从这里看到整个柏林的城市景观；其次，该穹顶还是采光和蓄能的载体。该穹顶可以将光线反射到下面的会议大厅，圆顶周边内还有用来调节温度的可移动遮光罩。新穹顶轻盈透明，与大厦主体的厚重敦实形成鲜明对比，展现出百年间技术手段与艺术观念的变化。

扬州·小盘谷

（四）场所气氛与环境的营造

在历史建筑保护资金紧缺的情况下，历史建筑人文价值的挖掘和商业性的活化是非常有效的保护手段。历史建筑或群体，由于其特有的文化价值和场所精神，给现代人带来特殊的人文感受和历史回忆。这为我们保护那些具备文化价值却几乎不具备现代功能价值的历史性废旧建筑提供了一条新思路，即从其人文价值入手，利用其特有的环境和氛围，使其在新的环境下焕发新的光彩。这一方法实施的范围非常灵活，而关键在于设计者的改造观念，一些即使是最乏味、最破旧的仓库或厂房也可能有其自身的潜力，挖掘其人文价值和商业价值常常可以取得出其不意的效果。

历史建筑的更新与发展，新旧建筑的共生是我们这个时代普遍面临的问题，对比过去的大拆大建，改造再利用是一种可以尽可能减少

材料与能源消耗,减少城市垃圾与环境污染的有效方法。同时对于城市文脉的延续、人文精神的体现更有不可估量的作用。对历史建筑的重新利用是真正的"可持续发展"思路的体现,我们不应仅将此作为一个口号或一个时尚,而应真正贯彻到我们的实践当中。

　　历史建筑或街区的活力和生气必须是"真实"的,是自然而富有活力的,而不是刻意设计的或过分美化的,不是一群受人雇佣的演员刻意表演的舞台。

扬州·广陵新城

第九章 文化基因再造与城市发展

面向新世纪,文化从特征到功能都发生了重大变化,作为一种直接的经济业态,它有着良好的发展势头和诱人的发展前景,成为当代经济活动中最活跃、最有潜力的"朝阳产业"。但如何处理好城市文化保护再造与经济发展的关系,是城市发展过程中急需解决的重大课题。然而,在经济快速增长的背景下,由于历史建筑保护不能创造或者创造很少经济效益,历史建筑与市场经济成为了矛盾的对立体。为了追逐开发利益,大量历史建筑成为了 GDP 的牺牲品,湮没于高楼大厦之间。因此,分析市场经济环境下的历史建筑保护的经济原理,提出务实的经济实施手段,成为城市建设的当务之急。

一、资金平衡是改造能否成功的关键

历史街区更新偏向于一种公益事业,其投资的回报是潜在的,缺乏明显的对应性,极难实现谁投资谁受益的目标。因此,历史建筑保护与更新的投资主要来自城市财政,开发商和私人投资较少,这导致保护的措施迟迟不到位。在开发与保护之间,常会产生矛盾和冲突,而这种矛盾和冲突的表现就是保护与更新资金难以得到平衡。

首先,政府主导下历史文化未能实现真正复兴。历史建筑的保护工作一直是政府主导的,从项目立项、设计、施工及修缮后的利用、历史建筑的日常管理等工作都是政府具体实施操作的。保护工作没有充分调动并发挥企业、社会团体、基金会等社会各方力量,筹措运用他们的资金,没有融入到市场这个大环境中。历史建筑的交易体系、保护与再利用项目的运作体系均没有建立,由于保护工作市场机制的缺失,历史建筑社会存在价值与社会存在意义没有得到复兴,其经济效益、社会效益不能得到有效地实现。

其次,市场主导下的历史文化意象破坏。为了维护开发收支平衡,以经济为主导的改造模式片面追求经济效益,导致建筑密度和容积率过高,造成现有基础设施和交通容量难以适应高强度开发,从而导致城市环境进一步恶化,基础设施超负荷,旧城功历史街区改造越改越挤、越改越糟。这种"经济至上"的改造,虽然让城市形象有所改观,但城市历史文化意象可能就会因此而抹煞。带有过于浓重经济色彩的建设活动往往漠视了城市社会性的主导地位,由此造就出理念粗糙的、底蕴缺失的"千城一面"城市形象,破坏了原有的场所价值和人文活动。

第三,政府控制下历史文化遗产保护的缺陷。在缺乏资金保护情况下,无法运用成熟的市场运作机制来保护历史文化遗产进退两难的境地下,许多地方政府规划管理部门只好采取消极的控制行为来"保护"日益凋零的历史文化遗产。由于开发商在资金上很难取得平衡,历史街区开发中的"市场失灵"导致开发效率低。同时,由于这些地区的规划限制高度比较低,限制了改造后的新建建筑的容积率,加之这些地区的更新带来大量复杂的拆迁问题,因而大大降低了改造工程的利润空间,使得房地产开发商对之少有问津。即使偶有开发企图,开发商也会以资金平衡为理由,以部分地块的高强度商业开发来补助整个保护地区的改造为借口,增加沿街商业开发并将其容积率尽可能的提高,使历史街区的环境更新形势更为严峻。

为了实现改造资金的平衡或赢利,对开发商而言,实施房产开发的最终目的是赢利,这是市场经济的根本规律。从房产开发的角度,只有两种选择,一种是增加容量,一种是提高单价。对一个有一定用地规模的改造项目而言,开发资金平衡方式同样有两种选择,一是总体平衡,一是分地块平衡。扬州小盘谷和镇江西津渡地区的改造在这两个问题上作出有益的尝试。它借鉴了国外容积率转移的规划思想,通过整体统一的规划,实现的是总体平衡即:将中心开敞空间土地上的容积率转移到周边相邻地块,换来的是整个地区品位的提升和地价的高腾,通过单位建筑面积售价的提高来实现利润,进而实现资金的总体平衡。

南京·城南

二、价值是推动文化保护更新的基础

从经济学角度看待历史建筑,可以发现历史建筑具有商品与公共物品的双重经济属性。一方面,作为不动产,历史建筑具有商品的特征,拥有房地产的价值,可以带来经济收益;另一方面,历史建筑处于城市之中,无偿给公众带来形式美感和文化愉悦。正是由于其双重属性,历史建筑保护的成本与收益也不同于一般商品。也正是由于历史建筑具有一定的价值,这为历史建筑的商业开发奠定了基础,为实现保护与更新资金平衡创造了条件。

(一)历史建筑的价值

历史建筑保留是因为其他有一定的价值,历史建筑有何价值,如何认识和彰显这种价值,对政府、设计师、开发利用企业都具有重要意义。按照现代汉语词典解释,价值是用途或积极作用。因此,历史建筑的价值就是它对当代的用途或积极作用。就是因为历史建筑具有重要的价值,所以需要保护、传承。

南京·仓巷

1972 年联合国教科文组织通过的《世界遗产公约》中对建筑遗产的定义有:"纪念物(Monuments):从历史、艺术或科学角度看具有突出的普遍价值的建筑物(Architectural works)、碑刻和碑画,具有考古意义的素材或遗构、铭文、洞窟及其他有特征的组合体。建筑群(Groups of Buildings):从历史、艺术或科学的角度看在建筑式样、同一性或环境景观结合方面具有突出的普遍价值的独立或连接的建筑群。遗址(Site):从历史、审美、人种学或人类学的角度看具有突出的普遍价值的人类工程或人与自然的共同创造物和地区(包括考古遗址)。"在 1977 年的《世界文化遗产公约实施指南》中,对历史建筑的价值分类描述为情感价值、文化价值和使用价值。总体来看,历史、科学和艺术价值,是国内外对历史遗产的基本共识。

(二)文化与经济价值

一般认为历史建筑的价值主要包括两个方面,即内在的价值和外在的价值。内在价值,即其历史、艺术、科学、精神价值等,可笼统称之为文化价值;而外在的价值,即指其经济价值。

1. 文化价值

文化价值是历史建筑最根本价值。我国现存的技术高超、艺术精湛、风格独特的建筑，在世界建筑史上自成系统，独树一帜，是古代灿烂文化的重要组成部分。其中历史价值见证的是过去某一历史时期的重要事件、人物或发展阶段等，在纵向（时间）和横向（地域）上，有值得记忆的重要历史信息，并能提供与过去的联系，提示其源流的信息等。历史建筑是人类历史发展的最好见证，它可以再现昨天、前代甚至远古的历史风貌，是特定历史时期的活化石，代表着一些独特的创造成就和独特的文化价值。当一些社会结构消失后，而这些民族文化却能通过历史建筑等文化遗产留给我们一些历史和现实的记忆。艺术价值是指建筑本身在设计、构造、风格、色彩、造型等方面展示的时代进步或水平层次，它能给人以精神上的或情绪上的感染。科学价值则是指建筑体等在设计、营造等方面提供的重要的和有价值的原理、知识、信息等。精神价值，指遗产提供给一个特定的地区和使用者以一种文化方面的自豪感。通过具有活态文化价值的文化遗产，推动城市人文环境的塑造。

2. 经济价值

经济价值是文化价值的衍生物。保护永远是第一位的，只有在保护的基础上，才有资格谈到合理利用，才能将文化遗产转化现实生活中的文化资源。外在力量可能使历史建筑的文化价值产生变化，而经济价值的发展趋势是随着文化价值的趋势而动的，并存在一定的滞后性。经济价值，在当前的遗产保护实践中，有着不可估量意义，并代表着一种认识的方向。因为在市场条件下，决定价值高低往往是其综合的整体价值而不是某一方面的价值。经济价值又可分为直接使用价值和非使用价值两方面。作为旅游、展示场所等收取门票即一般所谓的"文化消费"，体现了其直接使用价值。非使用价值，如存在价值、选择价值，以及可作为资产来传承的"遗产价值"等，则属于非使用价值，它们是不可交易的。

经济与商业价值。目前，探讨历史建筑的保护理由多停留在美学、社会和文化的价值上，而较少涉及到实际的经济或商业价值。经济的理由常常被置于保护和维护的对立面上，保护政策也被认为是一种更为严格的规划方法。而现实情况是，在公共资金无法资助的那些需要或希望得到保护的项目中，出于经济和商业利益而从事保护最终就必然成为其他保护的基础。因此，仅有保护主义和激进分子对建筑保护是远远不够的。

不论是否是自由市场，或是否存在明显的公共干预，历史建筑都必须有有效的经济价值。因为历史建筑是不动产,而不动产是商品。对于一个要吸引投资的商品来说,它必须具有经济价值。因此,要吸引私人投资历史保护上来,首先必须创造并提升历史建筑的商业价值。

　　要具有经济价值,必须具备四种特性:稀缺性、购买力、需求和实用性。历史建筑稀缺性有目共睹,因为它们不可再生。目前,这种稀缺性直接的经济收益就是旅游业。与其他没有明显资源特征的资源相比,历史建筑的稀缺性可以提供额外的商业价值。如当老的工业建筑改变成居住功能后,就使这种居住建筑更独具魅力,更具个性化,从而也更具商业价值。而历史建筑常常缺少的是实用性和市场需求,这种需求最终又必须落实到不动产市场中某个具体的使用群体上。要满足商业需求,就必须具有功能上和经济上的实用性。历史建筑因为时间久远而使其使用功能降低,难以满足当代人的需求。历史建筑商业价值的实现,就必须进行有效的维护和维修。

南京

（三）价值与保护更新

　　历史建筑具有各种潜在价值,但究竟哪些价值得到承认和利用,则取决于特定社会的经济状况、审美标准、传统认识以及正式研究,这些都是影响价值的因素。历史建筑的价值是多元的,对其价值的认识也是一个不断体验和发展的过程。因而不同的人,从不同的角度,在不同的时期,会有不同的理解与认识。总体上看虽是一个逐渐深入的过程,但某种意义上说,历史建筑的价值构成又总是一种人为的划分,随着社会的发展观念的变化而总会产生不同的价值判断。

　　要实现保护,首先要明确保护内涵,走出对保护认识的误区:即认为只要是古遗址、古建筑等就应该保护,不论其是否有保留的价值,是否会影响城市的发展,都要对其进行特殊保护。这样做不但影响了城市建设,制约了城市发展,还会因为无意义的保护使得历史文化名城的保护落不到实处。其次,要注重整体保护,对历史街区和历史建筑等实体进行重点保护,注意保存城市的文脉,否则仅仅追求经济效益,肆意拆除文物建筑,改变历史街区的布局结构,必将导致大量历史信息的湮灭。保护规划不仅要为城市的文物古迹或风景名胜区制定具体的保护措施,而且要对城市中历史文化遗存做出全面

韩国·景福宫

的安排,制定保护框架,划定保护范围,确定建筑控制高度,提出保护措施,只有切实落实好保护规划,才能实现保护与利用的双赢局面。

综合上所述,历史建筑是否值得保护和更新,取决历史建筑是否具有一定的内在价值,而不同价值的受益主体又具有很大的差异,故而历史建筑的保护与更新过程中,关键是平衡好各方利益关系,维护城市文化传承、广大民众和开发企业等利益。

三、文化再造与经济振兴

关注历史建筑的保护与更新,必然会涉及到经济利益,忽略经济空淡历史建筑保护是没有意义的。因为历史建筑成本巨大,而内部经济收益较低,加之其社会效益、文化效益、土地增值效益的辐射范围往往超过自身基地,使得周边区域获得经济收益,而保护的投资者却不能直接获得相应的利益,故保护的成本与收益往往难以平衡,历史建筑的保护动力严重不足。

(一)消费升级使文化经济价值得以实现

随着经济飞速发展,中国逐步进入一个财富剧增、服务随处可见、消费无所不在的新时代,消费出现了前所未有的新趋势,人们的消费重点从物质形态产品逐步转向更加关注非物质因素。过去我们消费的主要是物质形态产品,今天我们很大一部分消费是各种休闲娱乐、各种服务、各种教育培训等非物质形态的商品上。非物质因素就是商品的品牌、形象、设计、装潢、包装、广告等各种概念营销等所谓商品美学所包含的那些东西。这些物质产品中的非物质因素正是商品交换价值增值的根本原因。

首先,城市理性的日益发展,使人的心灵和情感开始受到巨大影响,致使社会群体联系淡化,城市人群在发展中丧失了精神动力和情感源泉,城市意象日益走向模式化,而平衡市民情感及塑造人们心灵的历史建筑却纷纷消失,城市开始出现畸形发展。而经济与社会的发展为人们带来了优越的生活条件,人们对精神和文化的需要也变得日益迫切。在此契机下,历史文化消费有了兴起和发展的可能,也有了兴起和发展的必要。其次,历史文脉是一座城市形成、发展和演进的轨迹和印痕。人们可以通过书籍、媒体等多种途径了解和接受文化遗产知识，但是一般民众还是需要通过文化遗存来直接感受，通过文化遗存所承载的历史文化信息，对民众产生一种深刻而持续的影响。这些都对城市文化消费产生了需求。

历史文化消费不是简单的旅游消费，而是人们对传统的一种追寻，是以历史文化为主题的人文精神消费形态，是人们亲身接近城市中蕴涵古代人们思想的历史古迹的一种情感行为。历史文化遗产中渗透着以往时代的建筑风格、人文气息，同时也能让人了解和联想到以往历史人物的思想、时代精神，能够在视觉冲击之后，使心灵、情感产生共鸣或震撼，带来人们精神的提升和享受。因此，历史文化消费既可以使人的心灵得以净化，德性得以涵养，内心得以平静，同时也使得历史文化的经济价值得以实现。

（二）历史文化保护与城市开发的互利化

1. 经济效益决定保护成功与否

历史建筑保护的成本包括三个方面：

（1）土地成本，指取得历史地段更新权所需的土地费用。

（2）修建成本，指对历史建筑进行修复、改善与更新建设的费用。

（3）管理成本，指对历史建筑进行保护的日常管理费用。其中，因历史建筑的复杂性，其修建成本与管理成本远远高于一般建设项目。

不同于一般商品的直接收益，历史建筑的收益包括两个部分：

（1）内部经济收益，包括租金、商业收入以及其他作为经济场所（如办公、酒吧、博物馆）所带来的收益。

（2）外部经济收益，指历史建筑施加给社会的某些成本或效益，而这些成本和效益不能由历史建筑的所有者直接获得。例如，由于历史商业街区的改造成功，周边地价、房价均大幅度增值，获得巨大的经济收益。

历史建筑保护面临较大的经济压力。对历史建筑进行再开发还是进行整治（修复、整修、改造），从经济上来看，取决于两种经济效益的高低，即在最大利润下，如果再开发比整治更经济，则历史建筑面临拆除的压力；如果整治比再开发经济，则更利于保护。

如果一个地区因基本设施的改善而恢复生气，那么建筑和土地的资本价值通常都将上升。然而，现有老建筑的价值可能最终会影响建筑与土地综合价值的增加。在这种情况下，老建筑就面临着拆除和搬迁的压力，用拆除和建设新建筑较小的成本，来换取用地的更大价值，也就是超过现有历史建筑用地的价值。但是，尽管再开发的可能更为经济，而有关保护措施又会干预和阻止拆除与重建之间的循环。如何对历史建筑进行必要的功能调整以延长现有建筑的有效生命，关键在于缺少适当的投资得以实现，因此考虑历史建筑整治所需要的资金是十分重要的。

因此，历史建筑或历史街区的保护，需要对街区的经济基础设施与开发给予足够的关注，以促进经济增长并鼓励更好地利用历史建筑。而要对一个特殊历史地段或历史建筑注入投资，必然需要一种商业上的理由。在缺少大规模的公共补足资金的情况下，历史建筑或历史街区需要保持并确定其作为某种商业价值，尤其需要利用和开发其本身所具有的重要价值：即历史文脉、历史价值以及特殊的意境场所感。

2. 历史保护与城市开发的互利

历史建筑保护与用地开发并非一对不可调和的矛盾，而是一体的两面。21世纪，全球化、信息化和高新科技日益引领着城市发展的主导方向，在物质文明取得快速进步的同时，人们的精神文明需求却没有得到相应的提高和满足。在这一背景下，城市中遗留下来的各种古迹遗址、传统建筑则刚好为人们提供了凭吊怀古、感怀历史的绝好场所，成为人们净化心灵、娱乐休憩的精神家园。所以，在当前城市居民精神需求和文化品味不断提升的情况下，各个历史时期所遗留下来的丰富的物质、非物质文化遗产已然成为一种宝贵的资源，其潜在价值难以估量，对这些古迹遗址、历史建筑加以严格保护和合理更新，无疑将使其所在地块和周边地区的土地价格攀升，从而增加城市土地开发的经济效益；另一方面，历史地区合理的用地开发又能为名城保护提供必要的资金支持，并能将现代生活功能引入传统建筑，赋予其新的活力，从而更好地保护各种历史文化遗存。所以，名城保护与土地开发是互惠互利、相互促进的。

（三）综合效益最大化

对历史建筑和历史街区进行土地商业开发，可取得可观的经济效

扬州·小盘谷

益、社会效益和生态效益。

——经济效益。将一些保护价值不高的老建筑重新开发改造,可节省空间用于重建住宅楼和办公楼,经济效益可观;另外,丰富的自然景观资源、古遗迹遗址、古建筑、名人故居等,许多都被开发为公园、博物馆或景区,不但成为公众业余休闲活动和接受历史教育的场所,更吸引了大量的国内外游客,极大地促进了当地旅游业的发展,成为城市经济新的增长点,创造了较好的经济效益。

扬州·小盘谷

——社会效益。社会效益主要通过历史价值体现。重要文物古迹及其周边环境承载着丰厚的历史信息,诸如古人类遗址、古战场、古墓葬等文化遗存,反映了不同时代历史文化的精髓,开发修复这些重要历史文化遗产,对于研究我国历史的发展演进以及当时社会的政治、经济、文化特征提供了十分丰富的实物资料,具有重要的社会效益。

——生态效益。由于古时防御的需求,一些古城均建在地势绝佳的地方,往往依山傍水,自然和人文生态环境非常优越。如南京拥有紫金山、秦淮河、玄武湖等自然山水,这些都是宝贵的生态资源,是古城生态效益的源泉。为此,在对古城土地进行开发时要尊重城市的生态规律,优化城市的空间布局和用地结构,实现古城土地开发的最佳生态效益。

古城土地开发不仅要取得经济效益的最大化,更要保证经济效益、社会效益和生态效益的综合最优。三者都要考虑,缺一不可。如果仅仅以经济效益为出发点,将历史古建拆掉重建,改造成写字楼或住宅楼,经济效益是实现了,但珍贵的历史遗迹一旦损毁就无法恢复,必将影响到古城的社会效益;而良好的生态环境能够降低空气污染、改善古城气候,这些都是城市发展的基础,如果将老城的绿色资源,如珍贵的林木、绿地等的保护让位于开发项目,这无疑将破坏古城的生态环境,并使古城的发展受到限制。可见,综合效益的最大化才是考量古城土地开发的重要指标。

(四)城市历史建筑的振兴

振兴的方法必须基于地方的特殊条件。实现成功的振兴,需要对资产、街区及所属城市、地区和国家进行再认识和再探索。

所谓振兴,就是要缓解历史功能与现代需求之间的不协调。这种

南京·城南

不协调或因为物质结构本身,或来自街区内部的经济活动,也就是通过物质振兴和经济振兴,使历史建筑功能满足现代需要。在物质更新方面,建筑或街区的结构可以通过维修、功能置换或拆除再开发等不同形式的更新以适应新的需求。在经济振兴方面,可能采用功能重组或功能多样化等新的功能替换老的功能等方式进行更新,或保留现有功能而通过功能更新使它使满足现代需求。物质振兴,对于维护历史建设良好的公共领域形象具有重要作用,但仅有物质方面的振兴是难以维持的,也是短命的;从长远来看,需要更深层次的经济振兴,因为历史建筑需要私人的各种活动为公共领域的维护提供资金,为历史建筑本身的维护和维修提供持续的资金,并间接地为历史建筑之间城市空间提供服务。

那些投资历史建筑的私人投资者的动机与那些把这些地区纳入公从视线的保护主义者之间明显不同,保护主义者一般主张街区的物质环境保护优化;私人投资者,另外也包括那些生活和工作在这里的人们,主张保护街区的功能特征优先,这就可能造成物质振兴与经济振兴之间引发冲突。更为重要的是应当严格保护物质环境特征,而较为灵活地对待其功能特征,过度对街区物质环境与功能进行保护,会导致进一步衰退。

1. 物质振兴

历史建筑是为适应某一历史时期而设计的物质景观。随着城市经济社会的发展,历史建筑必须适应新的历史时期的要求,才能体现其价值。

物质振兴是历史建筑或历史街区振兴的前提和基础。经过修复和整治,建筑本身和街道形象得到改善,使它对投资者、旅行者和居民产生一定的吸引力。物质环境的振兴,通常需要分别对建筑、公共环境或同时对两者实施环境改善,为的是把新的功能和人吸引到这个地区。人们在缺少修缮及有不良视觉形象的地方会感到不适和害怕。因此,物质环境的振兴是针对公共领域的改善,以及对现有建筑进行整治。对建筑加以整修以适应现有功能或通过改造以适应新的功能。

在物质振兴方面,要避免大规模的综合性开发。大规模的拆除以及道路建设,将会使历史街区失去活力。大规模的开发,相对单纯的街区建设,不可避免地会使土地的使用模式简单化,它使得中国传统的"角落"和"缝隙"消失,而这些场所虽然经济功能不强但能为街区带来活力与多种吸引力,是体现街区文化的重要社会性场所。因此,大规模开发,不仅会瓦解街区生活或交往的历史模式,而且也会对小企业和小型商业活动具有严重的破坏。

2. 经济振兴

对历史街区物质振兴将有助于提高人们对这个地区的自信,但维持这种自信则需要经济方面的振兴。如果没有经济方面的改善,就不能持续不断地为维修和维护这些建筑提供所需要的资金。

从房产开发的角度来看,还需要关注街区的经济基础建设,这样才能进一步刺激历史建筑资产的成长和充分的利用。所以,城市历史建筑或历史街区的振兴同时包括了物质结构的更新和对建筑空间的积极利用的经济措施。在短期内,物质环境的振兴可以产生一个有吸引力的、维护良好的公共领域,使街区呈现出积极的形象以鼓励公众的信心。长期而言,需要经济的振兴,因为最终因为私人领域的生产性设施支付维护公众领域所需要的费用。

(1)区位的振兴。城市历史街区常会因相对的区位过时,而导致使用率较低,因为其他地区有着相对更强的竞争优势。为弥补区位过时的缺陷,提高一个地区的经济活力,需要加强该地区相对其他地区的竞争优势。区位的振兴可以说是经济振兴的关键,要某些情况下,通过向本地企业提供补贴和其他鼓励的方式,促使这个地区形成规模经济与市场。之后这里才有望成为一个吸引对特殊经济活动进行投资的场所,而且无需进一步补贴就能发展下去。

(2)功能振兴。历史建筑由于其文化地位、文化价值不同应采取不同的处理方法。对建筑空间的改造主要是为了满足新的功能要求。纯粹单一的保护老建筑,并不能使其真正焕发生机,没有功能依托的建筑最终还是要消亡。因此,历史建筑的开发再利用在空间上主要有两个方面:原有功能空间的置换与重构;新旧功能空间的交融。

首先,功能空间的调整。该类型的老建筑并不是文物性质的建筑,但是由于其建筑质量良好或建筑文化价值较高,因而对其进行改造和再利用。现在许多历史建筑的功能空间都已经无法满足现代生活的要求,而被动式的保护,对于我们本来就举步维艰的历史建筑保护工作无异于雪上加霜,除了会增加政府的额外开支以外,无法从真正意义上保护历史建筑。功能空间的调整就是对历史建筑的原有功能进行重新划分和重组,按照现代生活的要求,使历史建筑功能满足现代人的需要，从而实现振兴历史建筑经济的功能。

其次，功能空间再造与更新。即用新的功能或活动取代原有的功能或活动，功能再造要求改变历史街区的各种经济功能。功能更新与再造是一种更彻底的改造方式是保留原有的外墙面，在原有基础上重新构筑结构体系。当旧空间与现代要求很难调和时，一般就对历史建筑的功能空间进行再造和更新。因此，除非建筑是空间，否则功能再造需要对现有功能和用户进行置换。但功能的再造对历史文化的传承和文化再造来说并不是一种理想的方法，因为历史街区文化特色很多都源于它原有的功能特征。因而，功能再造，可以利用功能多样性的方法，即对用地实施一种更为克制的结构性调整，使新功能协调并扶持街区现有的经济基础。

（五）开发权转移

南京·中华门

开发权转移是一种自愿的、基于市场机制的土地利用管理机制，在默认每块土地平等地拥有开发权的前提下，通过将土地开发行为引向更适合土地发展的地区，来推动保护具有高农业价值的土地、环境敏感区和具有战略地位的土地。在历史街区保护与更新过程中的开发权转移，是指在历史文化风貌区的建设控制范围内，因保护需要而使开发的建筑容积率受到限制的部分，在符合城市规划的条件下，可以转移到其他非保护地区，适当提高建筑容积率的补偿开发策略。

土地开发权转让能够保护土地是通过土地开发权在"发送区"与"接受区"之间的交易来实现的。土地开发权"发送区"和"接受区"有明确的地理范围，前者是土地保护区，应依据环境、生态、文化和农业发展等确定，而后者是被引导的城市发展方向，土地开发的密度和强度因土地开发权的"接受"而变得更高。通过提供给开发商显著的经济激励，提升"接受区"发展的机会和城市土地开发收益，通过土地开发权转让，开发商能够比基于以前的城市功能分区规划规定的密度更高的密度来开发土地。尽管开发商需要支付土地开发权转让费，但是由于开发商有了一定的自由度来进行资本与土地之间的替代，这个额外的土地开发转让费能够内部化的同时，开发商的土地开发利润会更高，不仅有利于"接受区"的发展，更有利于"发送区"的保护。

　　土地开发权转让,对开发商和政府是个双赢策略。政府会积极地推动土地开发权转让,因为政府不需要花费就能够实现保护历史建筑的目标,政府决定土地开发权"发送区"、"接受区"即可。因而对政府而言,土地开发权转让基本上是零成本地保护了土地,故土地开发权转让并没有给城市土地发展监控增加额外的负担和成本。同时,基于市场机制的土地保护政策能够最大限度地减少或避免刚性的行政命令式的历史建筑保护(如土地利用功能分区)带来的社会福利损失和经济效率的降低;而且,土地拥有者与开发商之间直接的交易

南京·门东

土地开发权更容易被接受。开发商一般会积极地支持土地开发权转让政策,尽管他们的土地开发成本会增加(土地开发权转让价格),但是由于可以提高土地开发密度和强度,如通过容积率的增加、建筑密度的提高、土地建设比率(一块土地内可以允许被建设的土地面积与总地块面积的比率)的提高,开发商可以实现住房建设的经济规模效益,从而可以获得更高的土地开发利润。

　　改变以往以土地换建设、资金小范围平衡的做法,形成全市区大范围先平衡、后赢余的格局。要使规划真正起到控制引领的作用,必须调整各方面尤其是高位利益主体的关系。要实行历史街区与新开发地区开发的联动,以新开发区开发收益补偿历史街区由于改造成本太高而导致的资金运作不平衡问题,走出自我平衡的困境。要打破"就地平衡",形成土地开发的规模、整体和协同效应,在较大范围内对历史街区和历史建筑改造项目进行综合平衡,对经营性土地由储备中心实行统一经营,新旧区开发捆绑运作,大小地块、公益性和经营性地块共同捆绑运作,由市级政府实行统一储备,一个龙头进水,一个龙头放水,在一个总盘子内、大盘子内平衡。

四、文化再造与主体作用

　　设计师缺乏对城市历史文化的了解,城市规划宏观指导层面上体现长官意志、微观技术层面上的简单工程化和规划编制的市场化倾向,缺乏对城市本身价值的发现和塑造,以及城市规划设计群众参与不够都将导致城市无法体现其固有的价值观和人文关怀,无法体现城

市本身的文化底蕴和优美，从而丧失城市的独特魅力。因此，文化的保护与再造需要市场企业、政府和设计师等多方面主体的共同努力，以使历史建筑向预定的目标迈进。

南京

（一）市场化机制

开发企业的文化良心，是城市文化特色塑造和文化遗产保护的关键影响因素之一。在市场经济条件下，投资主力是开发商。文物古建所需的维修保护，往往需要大量的资金投入，无论是国内国外，目前主要依靠的还是政府拨款。商业化开发的方式，将市场的手段引入文物保护领域，通过私人承租等渠道，一方面可以减轻纳税人的负担，另一方面也能有效缓解文物保护普遍存在的资金匮乏问题。将一部分有居住价值和商业价值的历史建筑进行市场化和商业化运营，以弥补文物保护和开发方面补财政投入的不足，是国际惯例，但是各国对此都有严格的规定。通过制定文物保护名录、签定开发契约等方式，商业化运营、市场化交易的文物范围做详细的界定，对具体的开发方式也有原则的限制，一般都不能改变建筑本身的用途。这种开发模式对于政府和开发商的资金回收是有利的，而且也有利于居民生活质量的提高和民族建筑的复兴。

1. 国外私人投资的保护与利用

巴尔的摩（Baltimore）位于美国马里兰州，它拥有大量令当地人自豪的历史建筑和历史社区，多建于 20 世纪前叶，50 多万幢历史建筑为整个城市增添了个性和特色美。但在过去的几十年内，这里出现了城市中心衰败的现象。后来，人们认识到有必要鼓励当地人在老房子和老社区里继续居住、工作和投资，很多个人开始在这里购买历史建筑，经过保护性修缮和整治后，用于出租或开店。巴的摩尔历史建筑的魅力、优越的地理区位、具传统优势的经济结构和宜人的环境成为吸引人们投资和居住的主要因素。因此，在短短的几年内，大量的私人投资促成了巴的摩尔历史地段的复兴和迅速崛起。

2. 基于市场机制的保护与更新

要建立市场体系，最重要是要建立并完善历史建筑的交易体系，使市场这只"无形的手"在历史建筑保护的工作中发挥作用，从而将历史建筑保护工作纳入市场化运作的良性轨道。梳理和明晰历史建筑的产权，通过历史建筑产权的交易、租赁等市场行为，让企业或个人拥有历史建筑的开发权和使用权。企业或个人通过市场化的运作，获得相应的利益。

第一，明晰权利与责任。明晰所有者、开发者、使用者、监管者的不同权利与义务。区分参与历史建筑保护的个体，赋予其相应的使用权、所有权、开发权等各种权利，落实保护、维护等责任。通过法律的强制性，真正做到权责分明，维护保护者的利益。

第二，建立市场体系。为使市场这只"无形的手"在历史建筑保护的工作中发挥作用，需建立土地、二手房、开发权、知识产权等相关市场体系，促使企业、个人成为保护的主体，实现"以政府、市民参与"向"政府扶持、企业运作、市民参与"转变，将历史建筑保护纳入市场化运作的良性轨道。而且，应相应建设能激发保护行为的产权交易政策，保证企业或个人拥有历史建筑的开发权和使用权，使每个地块的价值都能在市场中恰如其分地得到表达，经营者获得长期的利益，让保护和再利用的行为得到鼓励。

第三，建立市场化运作的历史建筑保护与再利用项目运作机制。把保护与再利用项目的全过程分成评估、可行性研究、决策、实施、评价五个阶段，并对每个阶段实行全程监督，保证项目能按照法律法规和相关政策顺利进行。建立历史建筑综合价值全面评估体系，扶植一些评估机构成为权威。通过对历史建筑综合价值的判断，对其进行有效的分类和研究后作出正确的评价和保护定位，这是实现历史建筑保护的前提。

第四，完善配套法律。加强必需的控制和引导，防止市场缺陷和市场失灵带来的后果。以法律的形式确定保护对象和保护范围，使其成为具有权威性的保护文件，为保护工作提供明确的法律依据，避免开发时出现"拆"或"留"的两难的抉择。并细化建设性破坏刑事责任追究权，扩大文物保护部门的权力，包括执法权等，加强对市场行为的有效监管。

3. 企业责任感与文化基因再造

作为城市建设的一支重要力量，广大企业理应把保护城市历史文化资源作为自己应尽的责任，把延续历史文脉、彰显城市个性、保持城市肌理作为判断一个项目是否成功的重要标准。作为城市开发商，追求经济利益也是无可厚非的，但是应具备起码的民族自豪感、历史责任心，探索城市意义、延续历史文脉是现代企业义不容辞的责任

开发商对建设的每一个项目，都要倾注对一个地区独特历史文化的领悟和对特定地段人文底蕴的解读，都体现对历史文化资源的爱

护。如一德集团建设南京玄圃时,充分了解和挖掘了该地区文化,并将其作为整个建设区域的文化主题,所有建筑与古城墙遥相呼应,保持古城墙边、玄湖畔的原有空间韵律,从而最大限度地保护了玄武湖明城墙周边地区的历史风貌。可以说,从单纯的经济效益看,这些项目并不是最成功的,但这样做却保持了古城特色,实现了社会效益,从产生的综合效益看,这些项目都称得上是优秀的。

随着历史文化遗产资源的稀缺性增强,人们对历史文化精神的日益向往,历史文化遗产保护的社会价值和经济价值将逐步升级。在市场经济的背景下会有更多的市场加入到历史文化遗产保护中。但是市场是有缺陷的,按照加尔布雷思(John Galbraith)看法,"市场的缺陷常常表现为宏观的不稳定和微观的无效率,以及社会的不公平。他认为政府的干预对于经济的稳定,提高效率来维持社会公平是必不可少的。"因此,历史建设保护与更新,要在遵循市场经济规律的情况下,需要充分发挥政府控制与引导作用避免市场的缺陷。文物古建的开发,虽然具有商业性,但通过修缮的私有化等途径实现文物的保护才是最终目的。通过私人租赁或购买,文物单位转让了使用权,但对其使用的监督权并没有丢,获得文物单位的个人并没有任意处置的权利,相反常常都受到严格的政策、法律乃至道德约束。

总之,市场经济的发展对于历史建筑保护工作既是机遇也是挑战,市场的发展和培育为历史建筑保护与利用方式提供更多的可能,为历史建筑的保护工作提供了长效的动力。同时也应看到市场机制在历史保护工作中的不足,完善的市场体系、有力的政府干预、健全的法律制度将是弥补市场缺陷的武器。城市历史建筑是城市的宝贵财富,是城市的战略性资源,合理长效地利用历史建筑这份宝贵的文化遗产对于建设和谐的城市具有重要意义。

(二) 政府的引导

城市决策者对城市文化特色的认同和定位,在一定程度上决定了城市的建设方向。

1. 政府控制

控制是在获取、加工和使用的基础上,使被控制的事物作出合乎目的的行为。在市场经济条件下,各集团利益的决策往往都是从自身角度出发,而较少的考虑对外部环境的影响,

南京·朝天宫

从而对公共利益造成负面效果。控制即"借助法律、行政经济手段,将城市建设活动限定在城市规划所确定的方向和范围之内"。其意义是在于为了维护公共利益,而限定只能去做什么。控制是一项非常重要的行为,实行控制的方式也有多种:有指令性的(对具体政策对象施加影响)和自由性的(通过自由市场来运行)。指令性和自由性的控制都根据严格的规则或更具体的手段来进行。

政府对包括历史建筑保护管理在内的社会公共事业管理,是政府承担社会服务职责最重要的体现。政府的任务是制定标准和规则,制定一定的法规和政策,进行必要的管制。也就是说,政府不必直接参与甚至包揽历史建筑保护的工作,但政府必须制定法律、法规和政策,规范和引导历史建筑保护的发展。以此来弥补市场的缺陷,解决不规范和混乱等现象产生的各种问题,并促使市场形成一个整体合力,以推进历史建筑保护和利用的快速健康发展。实践证明,政府不需要直接介入具体的保护工作中,而是通过法律法规、经济杠杆和宏观政策等手段,对建筑的外观整治、内部改造、再利用的功能和性质,进行有针对性的详细规定。另外,对保护建筑修缮和利用的程序,包括修缮工程本身的程序,也应该作细致的规定。完善有效的法律和规章,是政府对历史建筑保护和利用进行管理的有效手段,能够最大限度地避免历史建筑保护项目出现异化和偏向。

2. 政府引导

引导是一种弱化的控制形式,它不是作为规则来强制执行的。"引导"可以导致决策环境的重新安排,并使得一个决策和其他可能决策更加的协调。引导的意义在于"确定什么是该去做,而不是禁止什么不应该去做"。任何的市场行为都是为了利润,与其说上海新天地的保护开发是一次成功的市场运作,不如说是政府规划的积极引导起了重要作用。引导是一种弱化的控制行为,引导措施包括信誉、利益操纵、补助金、交换率政策、税收减免,以及优惠政策等。

在市场经济条件下,政府的引导作用将对历史建筑的保护及其文化内涵的彰显具有重要的作用。美国、澳大利亚等国的法规中非常强调"发展权(development right)",即每一个地块(包括历史地块和历史建筑)都具有发展的权力,政府既然通过限制其改变现状而约束了其发展的权力,就应为此作出补偿(compensation),从而有了关于遗产保护的经济激励政策。借鉴西方国家的政府对遗产保护的经济激励政策,可采用税收减免、资金补助和优惠贷款、相应的规划手段、遗

171

产协议、周转基金以及其他经济激励手段等。

税收免减主要为实现三个目标,即减少遗产业主或者修复遗产的成本;减少维护遗产建筑的机会成本,从而避免遗产遭到拆除;使各种社会资金流向非营利机构。其中税收激励手段主要有几类:财产税减免;用于遗产保护的所得税减免;对捐助遗产保护组织的资金减免,等等。

资金补助及优惠贷款,包括对列入遗产名录的历史建筑的资金补助,自由资金补助和维修成果资金补助等。根据已有的名录,对列入遗产名录的历史建筑的资金补助,一般其额度是基本相同的。自由资金补助指申请者根据项目的要求进行竞争,一般应有专门的委员会来决定最终的资助对象。维修成果资金补助具有严格的标准,且针对性较强。这种补助需要相应的行政管理手段来配合,它可以把有限的资金发放到有优先权的项目中。

相应的规划手段,指容积率奖励、容积率转移、有弹性的详细规划,以及改变土地的使用性质等。容积率奖励指投资商作出了有利于历史建筑保护的决策后,可以在其开发的其他地块给予高于原先容积率的补偿,城市的总开发强度将高于原先既定的开发强度。而容积率转移中,历史建筑的业主可以把没有使用的容积率转卖给其他开发商,这样开发商可以建造多于原有高度或容积率的建筑,而城市的总开发强度保持不变。有弹性的详细规划,指放宽某些详细规划的限制,对不利于保护的一些规划指标进行调整,使其利于保护。改变土地性质则是为了鼓励民间的保护行为,允许个人转变历史建筑的使用性质,作为新的商业、文化设施等。

遗产协议是为了保护长期的历史建筑保护和一种合法的具有约束力的契约。这种协议会指定一些方法来维修或管理遗产建筑,也可以为业主提供利率免除、土地税减免、补助或特许规划等。周转基金(Revolving Fund)是为一历史环境保护活动而筹集的资金。这种基金必须在规定的时间内返还,然后为了同样的目的再次使用,故称周转基金。一般周转基金由负责历史环境保护的非政府组织管理。其他经济激励手段,包括遗产彩票等,如英国1993年开始的国家彩票发行中就包含了一部分遗产彩票。

(三)设计者探究

设计师或规划师的人文素养,在很大程度上影响到城市文化特色

的塑造方向。一个有着深厚修养文化的设计师理应具有设计
人所特有的视角。正是以发展的眼光看文化，在"发展"这样
一条线索下，将历史的文化现象连缀成体现着联系和发展的
体系。文化在设计中的体现并不是对传统设计手法的套用和
抄袭，而是随着人的心理需求的变化而不断调整的，这样设计
才能随着文化的发展产生新的活力。随着设计的独立，设计
的行为对人类的进步起着至关重要的影响作用。新的设计要
充分考虑对人的关怀和对人文精神的体现，具体表现在空间
形态上就是要发展具有地域文化特色的建筑空间形式。

南京

1. 人文关怀

真正的城市形象设计应该是城市规划、城市设计、建筑设计与城
市特质文化的统一。城市规划、城市设计、建筑设计是三个不同的层
面，城市规划是手法处理问题，城市设计是宏观问题，建筑设计是功能
问题。城市发展首先要依托特质资源和特质文化搞好城市设计，其次
才是按照城市设计搞好城市规划，建筑设计是城市设计、城市规划的
具体落实。这就需要城市设计要有一个鲜明的主题。首先要找到城
市的特质资源与特质文化，从特质文化里找到特色，从特质文化里找
到主题。充分应用逻辑思维和形象思维，通过逻辑思维找出城市的规
律和特质，通过形象思维发挥空间的想象力，找出城市独特的文化，找
出对城市的独特认知。城市设计不光要讲设计标准、设计质量、环境
质量问题，还要找到城市的灵魂，要让城市设计有主题、有特色，否则
城市设计就变成机械的画图，而无人文内涵。

深刻地理解不同的民族文化可以从根本上使设计拥有文化的生
命，更好地做出适合人类，并具有时代、地域美的新空间形式。从文化
的形成上来寻找设计的灵感，使设计更多的洞察力和理解力，并且更
富有创造性。设计不应该只满足于从传统中套用文化的具体符号，而
是应该站在更高的层次来理解先人的文化创造。古人留下的文化形
式中包含有历史必然性，设计师要从文化现象中透彻地看到设计者对
文化的理解，而不是具体的造型形式。虽然先人遗留下来的设计作品
都有一定历史的局限性，但从他们看待事物的角度中折射出的智慧永
远都值得我们借鉴。

2. 人道关心

一个城市死板地把原来的建筑保留下来，因为这只是死的一栋
楼，重要的是楼里面的人，是人、文化和历史的交叠。城市设计即是人

文设计,也是人道设计。所谓"人文",注重的是历史和文化的传统;所谓"人道",注重的是人的本性,设计的主体都是人,设计的最终价值尺度还是人。它既包含了物质空间的设计,也包含了人们社会生活和精神文明方面的设计,是人类的整体利益、长远的和持续的发展。新的设计,必须回归人的全部现实生活,为人们创造一个舒适、方便、高级、卫生、优雅的物质空间环境和精神文明环境。城市设计的目标是空间形式上的统一、完美、综合效益上的最优化和社会生活上的有机协调。

理解、尊重、规划人的体验。西蒙兹自称是尝试着把所看到的精彩的景观规划设计作品提炼为基本的规划理论,如中国的天坛、圆明园,日本的龙安寺,法国的香榭丽舍大道等。他以精炼而富有诗情画意的文笔描绘了人们置身其中的体验:人们规划的不是场所,不是空间,也不是物体;人们规划的是体验——首先是确定的用途或体验,其次才是随形式和质量的有意识的设计,以实现希望达到的效果。场所、空间或物体都根据最终目的来设计,以最好的服务并表达功能,最好地产生所欲规划的体验。这里所说的人们,是指景观设计的主体服务对象。规划的是他们在景观中所欲得到的体验,而不是外来者如旅游者、设计师和开发商的体验。但这一点很容易被忽略,设计师和开发商会将自己认为"好"的景观体验放在设计中强加给景观真正的使用者。例如,在历史文化名城保护中所强调的生活真实性就是指当地人而言的。

因此,历史建筑的保护与更新的规划设计,要更加注重满足人的精神需求。具有民族文化的空间设计是符合时代进步发展的结果,绝不是对形式的简单抄袭。设计思想在具体的空间中体现不仅是要满足人的物质需求,更要满足人的精神上的需求。设计不是空洞的形式,而要有文化的内涵。设计的具体形式对文化的体现是设计师对文化理解的基础上诞生的。在设计中努力传达的是真实的自我,而不是简单狂热地追求物质的、技术的、形式的表面存在。这也就是设计本身的文化进化发展的过程。

3. 未来关注

当代文化被定义为设计的文化,是就其当代文化结构的内核而言。任何时代的文化形态,总是以现实社会物质生活存在为基础的。就工业社会行将进入高科技工业社会的当代世界趋势讲,设计既意味着当代社会生活物质基础的创造,又意味着对未来理想社会建设规划的构想。设计的深层结构已不仅仅是对现有成果的同步认识去进行最优化的组构,而是必须去蕴育有科学预见的、超前认识的结构因素。

可见,不同的建筑模式总是与不同的文化模式相对应,离开文化因素,许多传统环境就无从理解。即使构成文化模式的一些因素如部落风习、传统背景下的宗教等往往会随着"现代化"的进程而衰弱或消失,但仍有可能继续作用于某些"文化"中,甚至渗入新的文化领域。因此,无论是传统的还是现行的文化模式都直接关系到人类对建筑的使用,尤其是建筑空间对人们精神方面的满足。同时,文化模式的多样性创造出多样性的环境,而"环境的多样性说明,以不变应万变这种大多数设计师依旧默认的现代主义思想是行不通的"。

（四）公众的参与

"公众参与"一直以来都是衡量城市规划策略制定与管理措施是否科学和人性化的一个重要标准,因为城市居民才是规划决策的受众群体。如果规划决策的过程缺乏城市居民的参与和监督,那就会演变成规划师们炫耀设计才能的平台,继而失去其应有的意义。因此,决策者在制定城遗产保护与更新策略的时候,要充分考虑公众的利益与诉求,采取"自下而上"的方略。

北京·午门

1. 再造与扬弃重要力量

民众是传统生活模式展示的主体。历史街区和古村落存在的价值不仅仅是保留了数量可观的古建筑群,更为重要的是向我们展示了在某个特定的历史时期人们独具特色的传统生活方式,为我们研究人类发展史提供鲜活的实物资料。这种展示除了需要大量携带完整历史信息的古建筑群落之外,当地民众的积极参与也是这种实物资料中不可或缺的一部分。因此,在对历史街区的保护与更新时,应该积极地把当地的民风、民俗等纳入到保护体系中来,并且应该肯定在这个过程中人民群众作为"主体"所应具备的价值。

民众是保护措施和策略的参与及执行者。城市居民是历史文化名城保护措施实施的执行者,如果任何一项保护条例、法规缺少了民众的拥护将变成一纸空文。要让广大民众积极响应政府的名城保护策略,除了要唤起广大城市居民的自豪感和主人翁意识之外,我们更应该关心他们的切身利益,这就需要决策者们多听听来自民间的声音。因此,在制定历史文化名城保护方略的时候,需要让民众参与到决策过程中来,并充分地考虑他们的利益,这样才能让他们成为保护措施最坚决的拥护者和执行者。

2. 公众参与的基本思路

鼓励公众参与文化遗产管理决策。文化遗产公众参与如果要落实到实处,就必须确立公众参与管理的形式和渠道。公众参与必须是一个能充分反映公众要求的制度,而不能流于形式。因为遗产地居民是遗产区域传统资源的拥有者,他们的权利应该得到保证。要举办听证会、专家座谈会,通过这些途径让那些和遗产管理活动关系密切、尤其是居住在遗产区域内的公众能够充分的发表意见,对文化遗产的管理政策、总体规划、重大项目计划进行公示和听证,在决策阶段征求公众的意见和建议。对于那些得到社会一致认可的公众和专家的建议必须在遗产管理中得到落实。凡是涉及到文化遗产保护规划或者重大工程开发的,必须经过专家委员会的论证,保证文化遗产管理的科学性;重大事项必须及时征求公众的意见,保证管理政策实行时具有深厚的群众基础;同时在管理的过程中赋予社会公众,媒体组织,NGO 等监督控告的权利,监督文化遗产的各级管理部门和工作人员的工作是否负责,资金使用是否妥当等。

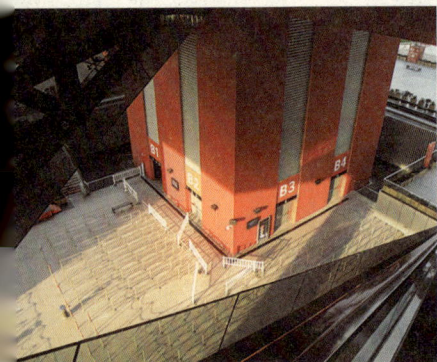

上海·世博会

注重周边居民的利益。鼓励公众支持和参与文化遗产保护绝不能停留在教育说服的层次,还必须保证公众能够从遗产保护管理中获得收益,尤其是文化遗产区域内的居民,文化遗产的保护管理,不仅仅是意味着区域内原住居民的居住空间受到压缩,居民权利受到限制。还意味着公众就业机会有了一定程度的增加,生活环境的美化。对保护文化遗产的重要目标就是要保持遗产地的生机,使之更具魅力,并发挥遗产应有的社会效益和经济效益,使人们切实感到保护也是发展。在西方,公众参与一般表现为个人和组织两种模式,由于公众个人比较分散,力量相对薄弱,所以各种环保 NGO 组织就成为文化遗产管理公众参与当然的主力军,西方社会公众参与之所以发达是源于 NGO 组织的发达。我们国家虽然 NGO 数量在近年快速增长,但是远远不能满足公众参与管理的需要。所以我们需要大量的环保 NGO 组织的出现,这就需要国家从法律和政策上鼓励公众组建各种社团参与社会公众事务的管理,NGO 作为文化遗产管理中重要的公益社团,是公众参与的最有力的模式,它能够积极的参与遗产管理中的法律制定,能够代表公众与管理机构对话合作,引起社会对管理中出现问题的关注,甚至可以代表公众对文化遗产管理中出现的不法行为进行监督控告。

公众参与对于历史文化名城保护工作尤为重要。在政府保护的同时,充分调动民众力量积极加强文化遗产保护,早已成为世界各国的普遍做法。广大民众的积极参与是历史建筑赖以存在和发展的决定性力量。因此,历史建筑的保护既要坚持以政府为主导,明确各级政府和有关部门的重要职责,又要广泛调动全体民众,使其真正关心、支持和参与历史建筑的保护与更新。因此,历史建筑的保护与更新,必须尊重和维护民众与历史建筑之间的联系和情感,保障民众的知情权、参与权和受益权。保护与更新规划设计应由专业人员来做,这无可非议。但城市的利用者是群众,因此往往少数人员关起门来苦思冥想作出来的规划公众不一定认可,有悖于他们的生活习惯和审美观念。历史建筑保护与更新规划等建设项目的方案座谈会、研讨会,将邀请由政府确定的有一定代表性的公众参加,广泛征求公众的意见,接受市民的评议和监督。让群众参加城市规划,要使群众真正来关心自己城市的规划,规划好自己的城市,是很有必要的。著名科学家钱学森以及著名作家刘心武对城市学和山水城市的研究以及他们所写的建筑评论,就得到了设计界的认可。所以,通过一些媒体和渠道(比如电视媒体调查、展览、网络等)让群众了解建筑师的思路并让群众参与,不仅可以提高城市规划与建设管理的合理性、科学性,还可以强化广大群众参与城市规划的意识,为城市建设献计献策,对城市的可持续发展具有深远的意义,毕竟城市规划是为了群众,群众应该是主体。

总之,每个城市都有各自不同的特点,只有因地制宜,符合当地市情和土地利用实际的用地开发才是成功的。如果只是一味地大拆大建,简单模仿,而忽略了城市的独特内涵,那么城市特有的历史信息将不复存在,其个性特征也将因此而丧失。同时,如果一味地效仿别人,不仅会破坏城市原有的格局,降低城市的竞争力和影响力,还会导致新旧建筑的不和谐,进而弱化城市的内在发展潜能。因此,城市的开发与发展,应结合城市自身的特点,探索行之有效的方法和模式,体现其独特性,使城市特色得以传承延续,从而再造具有地方特色的文化基因,进而为后人创造一些宝贵的现代文化遗产,在真正意义上延续城市文脉。这既是政府的职责所在、设计者的责任所在、公众的利益所在,更是广大企业家的良心所在。

南京·港区

177

参考文献

［1］钱穆. 中国思想通俗讲话［M］. 北京：三联书店，2005 年第二版，
P. 21.

［2］季羡林.“天人合一”新解［A］. 季羡林研究所. 季羡林说国学［C］.
北京：中国书店，2007：P. 35—48.

［3］单霁翔. 关于文化遗产保护与城市文化建设的若干思考［EB/OL］.
http://news. artxun. com/huashi－1388－6936484. shtml.

［4］单霁翔. 文化遗产保护与城市文化建设［M］. 北京：中国建筑工业
出版社，2009：P. 102—106.

［5］李铁华. 浅析当前中国社会文化中的断裂现象［J］. 嘉应学院学
报，2005，vol23(1)：P. 12—15.

［6］孙海芳. 视觉文化作用下的文化断裂与困惑［J］. 中州学刊，2005
(5)：P. 240—242.

［7］孙杰远. 文化的断裂与教育的使命［J］. 当代教育与文化，2009
(1)：P. 45—49.

［8］云杉. 文化自觉 文化自信 文化自强——对繁荣发展中国特色社
会主义文化的思考［Z］. 红旗文稿，2010 年第 15、16、17 期.

［9］文化断裂与文化分层——王岳川、朱中原对话录［EB/OL］.
http://www. zjol. com. cn/shufa/system/2011/08/08/017748237_
02. shtml.

［10］秦红岭. 全球化语境下建筑地域性特征的再解读［J］. 华中建筑，
2007(01)：P. 2—3.

［11］郭芳. 从佛教建筑中国化反思当代中国建筑文化［J］. 华中建筑，
2007，vol25(1)：P. 13—14.

［12］许博渊. 就文化基因问题答网友疑问. http://news. xinhuanet.
com/comments/2006－07/18/content_4844756. htm.

［13］王媛钦. 基于文化基因的乡村聚落形态研究［D］. 苏州科技学院
建筑与城市规划学院，2005：P. 29—55.

［14］龚振芳.“阴阳和谐”在现代空间设计中的应用［D］. 福建师范大
学硕士学位论文，2009：P. 6.

178

[15] 王树声."天人合一"思想与中国古代人居环境建设[J].西北大学学报(自然科学版),2009,vol.39(5):P.915—920.

[16] 董彩荣.试谈"天人合一"观对可持续发展的启———兼及"天人合一"观的现代生态价值[J].安徽广播电视大学学报,2007(2):P.119—123.

[17] 张岱年."天人合一"哲学思想剖析[J].北京大学学报:哲学社会科学版,1985,(1):P.1—8.

[18] 周霞等.从"天人合一"的理想看我国传统民居的可持续发展[J].华中建筑,1998vol.16 No4:P.130—131.

[19] 刘梦溪.中国现代学术经典钱宾四卷(下)[M].石家庄:河北教育出版社,1999.

[20] 周文铮.地理正宗[M].南宁:广西民族出版社,1996.

[21] 王树声.黄河沿岸晋陕历史城市人居环境营造研究[D].西安建筑科技大学,2006.

[22] 张振.中国建筑文化之根基——儒、道、佛(释)与中国建筑文化[J].华中建筑,2003,vol21(3):P.13—15.

[23] 汉宝德.中国建筑文化讲座[M].北京:生活·读书·新知 三联书店,2006:32.

[24] 贾尚宏.中国庭院的时空意识与构成特征[J].安徽建筑工业学院学报(自然科学版),2004(02):P.68—71.

[25] 金观涛.在历史的表象背后:对中国封建社会超稳定结构的探索[M].成都:四川人民出版社,1984:P.34—38.

[26] 周霞,刘管平."天人合一"的理想与中国古代建筑发展观[J].建筑学报,1999(11):P.50—51.

[27] 刘沛林.风水中国人的环境观[M].上海:上海三联出版社,2005,P.25.

[28] 汪霞.城市理水—基于景观系统整体发展模式的水域空间整合与优化研究[D].天津大学博士学位论文,2006:P.26.

[29] 吴良镛.人居环境科学导论[M].北京:中国建筑工业出版社,2001.

[30] 汪德华.中国城市设计文化思想[M].南京:东南大学出版社,2009年,P.86—93.

[31] 秦红岭.全球化语境下建筑地域性特征的再解读[J].华中建筑,2007(01):P.2—3.

［32］付宝华. 中国城市化发展进程中的缺失与误区［EB/OL］.
http://www.citysuc.com/showbook.asp? id＝61.

［33］陈李波. 城市美学四题［M］. 中国电力出版社,2009:P. 62—84.

［34］扶元广. 城市发展战略趋同的原因分析及对策［EB/OL］.
http://www.chinacity.org.cn/csfz/fzzl/55453.html.

［35］钟心,王建军. http://news.sina.com.cn/o/2005－05－27/
22266008902s.shtml

［36］徐翔. 论城市建设中地域文化的表达［J］. 商场现代化,2007(11):
P. 181—183.

［37］王升. 建筑文化的地域性［J］. 安徽建筑,2006(02):P. 22—23.

［38］余大庆. 三城一水间 孪生宁镇扬［N］. 新华日报,2011 年 01 月 20
日 B7 版.

［39］朱韫慧. 扬州文化与扬州城市现代化研究［D］. 扬州大学硕士论
文,2009,P. 42—43.

［40］覃兆庚. 风水美学［M］. 深圳报业集团出版社,2010:P. 206—216.

［41］王邦雄. 儒释道的心灵世界［J］. 国学,2007,(04):P. 14—17.

［42］李建中. 中国文化概论［M］. 武汉:武汉大学出版社,2009:
P. 38—39.

［43］汉宝德. 中国建设文化讲座［M］. 北京:三联书店,2006:P. 32、
219—225.

［44］何镜堂. 建筑设计要体现地域文化时代的统一［EB/OL］.
http://news.dichan.sina.com.cn/2011/08/11/357027.html.

［45］翟俊. 中国"园"素的解构与重组——扬州广陵新城信息服务产
业基地园林景观设计［J］. 中国园林,2009(8):P. 63—66.

［46］龙荔. 论建筑设计与地域文化的融合［J］. 硅谷,2008(8):P. 63.

［47］罗湘蓉,黄水坤. "极简"地介入——从几个实例看历史建筑的更
新［J］. 新建筑,2007(3):P. 113—116.

［48］李正涛. 建筑的地域性因素［J］. 山西建筑,2005,(08):P.
14—15.

［49］郭芳. 从佛教建筑中国化反思当代中国建筑文化［J］. 华中建筑,
2007,vol25(1):P. 13—14.

［50］秦红岭. 全球化语境下建筑地域性特征的再解读［J］. 华中建筑,
2007(01):P. 2—3.

［51］尹玲. 建筑的时代性、民族性、地方性的继承与创新［J］. 科技信息

（学术研究）,2008,(12):P.322.

[52] 李渢,雷冬霞.历史建筑价值认识的发展及其保护的经济学因素[J].同济大学学报(社会科学版),2009,vol10(5):P.44—51.

[53] 张芳.建筑空间形态的民族性比较研究[D].武汉理工大学硕士学位论文,2006:P.13—14.

[54] [美]C.亚历山大.赵冰译.建筑的永恒之道[M].北京:中国建筑工业出版社,1986:P.302.

[55] 牛龙菲.文经·三章·文脉[N].甘肃日报,1994-08-13(8).

[56] 郑向敏 林美珍.论文物保护与文脉的传承与中断——兼与《旅游学刊》笔谈中某些观点商榷[J] 旅游学刊,2004(05):P.25—29.

[57] 何镜堂.建筑设计中地域、文化和时代特征[EB/OL].http://www.alswh.com/Article_Show.asp? ArticleID=2161.

[58] 蔡瑞定.空间逻辑·场所精神——由南昌大学图文信息中心设计引发的思考[J].华中建筑,2005(6):P.67—69.

[59] 湘建编著.城市建筑文化[M].长沙:湖南人民出版社,2009:P.107—108.

[60] 单霁翔.文化遗产保护与城市文化建设[M].北京:中国建筑工业出版社,2009:P.102—103.

[61] [德]恩斯特·卡西尔.符号、神话、文化[M].李小兵译,上海:东方出版社,1988:P.234.

[62] 郑潇.改造、扩展与共生—浅议历史建筑的更新与发展及新旧建筑的共生[J].规划师,2002,vol18(2):P.28—33.

[63] [英]史蒂文·蒂耶斯德尔等著,张玫英等译.城市历史街区的复兴[M].北京:中国建筑工业出版社,2006:P.17—19、33—45、208—209.

[64] 历史文化遗产保护中的规划控制与引导[EB/OL].http://www.yueqikan.com/lishilw/6668.html.）

[65] 李渢,雷冬霞.历史建筑价值认识的发展及其保护的经济学因素[J].同济大学学报(社会科学版),2009,vol10(5):P.44—51.

[66] 刘文敏,方瑜.基于开发权转移的历史街区开发模式初探[J].山西建筑,2009,vol34(4):P.43—44.

[67] 古迹开发,商亦有道[EB/OL].http://news.163.com/special/reviews/developmentforhistoricalsites.html

[68] 历史文化遗产保护中的规划控制与引导[EB/OL].http://

www. yueqikan. com/lishilw/6668. html.

[69] 张艳华. 在文化价值和经济价值之间———上海城市历史建筑
(CBH)保护与再利用[M].北京:电力出版社,2007 年,P. 51.

[70] 刘玉杰. 景观设计师对景观规划设计学意义诠释[J].中国园林,
2002(01):P. 19—23.

[71] 苏敏静,孟聪龄. 建筑设计中的文化因素[J].山西建筑,2005,
(24):P. 37—38.

[72] 余思点. 论历史文化名城保护中的公众参与[J].小城镇建设,
2008(12):P. 38—39.

[73] 张顺杰. 国外文化遗产保护公众参与及对中国的启示[J].法制与
社会,2009(11):P. 233—234.